# A CATEGORIA "QUESTÃO SOCIAL" EM DEBATE

EDITORA AFILIADA

*Questões da Nossa Época*
# Volume 17

Dados Internacionais de Catalogação na Publicação (CIP)
(Câmara Brasileira do Livro, SP, Brasil)

Pastorini, Alejandra
A categoria "questão social" em debate / Alejandra Pastorini. -- 3. ed. -- São Paulo : Cortez, 2010. -- (Coleção questões da nossa época ; v. 17)

Bibliografia.
ISBN 978-85-249-1635-9

1. História social 2. Mudança social 3. Política social 4. Problemas sociais I. Título. II. Série.

10-08009            CDD-303

Índices para catálogo sistemático:
1. Questão social : Sociologia   303

Alejandra Pastorini

# A CATEGORIA "QUESTÃO SOCIAL" EM DEBATE

3ª edição
4ª reimpressão

A CATEGORIA "QUESTÃO SOCIAL" EM DEBATE
Alejandra Pastorini

*Capa:* aeroestúdio
*Preparação de originais:* Solange Martins
*Revisão:* Maria de Lourdes de Almeida
*Composição:* Linea Editora Ltda.
*Coordenação editorial:* Danilo A. Q. Morales

Nenhuma parte desta obra pode ser reproduzida ou duplicada sem autorização expressa da autora e do editor.

© 2004 by Autora

Direitos para esta edição
CORTEZ EDITORA
Rua Monte Alegre, 1074 – Perdizes
05014-001 – São Paulo - SP
Tel.: (11) 3864-0111 Fax: (11) 3864-4290
e-mail: cortez@cortezeditora.com.br
www.cortezeditora.com.br

Impresso no Brasil — abril de 2021

*Para meus pais, Raúl e Martha*

# Agradecimentos

Foram muitos os amigos, mestres e alunos que compartilharam o processo de produção deste livro, mas quero registrar aqui meu agradecimento especial ao professor Aloísio Teixeira pelas orientações, discussões, leituras e estímulo, que foi desafiador e amigo neste não fácil processo. Aos professores da Escola de Serviço Social: José Paulo Netto, José Maria Gómez, Maria Helena Rauta Ramos e Carlos Nelson Coutinho, que contribuíram e marcaram significativamente minha formação. A Marilda Iamamoto, com muita admiração e carinho, pelo apoio, amizade e contribuições permanentes. Aos professores, amigos e alunos da Escola de Serviço Social, que foram muito importantes neste processo pelo convívio, estímulo, solidariedade e compreensão, com destaque aos integrantes do Núcleo de Pesquisa e Extensão LOCUSS/ESS que participaram deste percurso. Um agradecimento especial para Victor, pela paciência, cumplicidade e carinho incondicional. A Rosário Vilas, Ximena Baraibar, Gerardo Sarachu e Silvia Lema, que conseguiram superar a distância espacial. Aos amigos uruguaios no Rio, especialmente Gabriela Lema, Carlos Montaño e Luis Acosta. Também quero registrar meu agradecimento a Alfredo Batista pela leitura atenta e cuidadosa deste texto e pelas valiosas contribuições.

# Sumário

Prefácio à 3ª edição............................................................ 11

Apresentação...................................................................... 19

1. As mudanças na sociedade contemporânea e a
"questão social"............................................................... 25

2. A perda de processualidade nas análises da
"nova questão social"..................................................... 52
   Rosanvallon: a dissolução do contrato salarial e
   a "nova questão social"................................................. 56
   Castel: a genealogia da "questão social".................... 66
   Heller e Féhér: a impossibilidade de solucionar a
   "questão social"............................................................. 76

3. As manifestações da "questão social" na
   América Latina............................................................... 80

4. Delimitando a "questão social": o novo e o que
   permanece...................................................................... 100

Bibliografia......................................................................... 117

# Prefácio à 3ª edição

Desde finais da última década do século passado — isto é, há pouco mais de um decênio —, firmou-se, nos meios profissionais e acadêmicos do Serviço Social brasileiro, o consenso segundo o qual a "questão social" deve constituir uma verdadeira pedra de toque nas concepções teórico-práticas do Serviço Social. Todos os que conhecem minimamente a história profissional sabem que, à primeira vista, este consenso, em si mesmo, não constitui, em absoluto, uma novidade. Com efeito, desde as suas origens, o Serviço Social se configurou, tácita ou explicitamente, tomando como referência a "questão social" — e isto em todos os quadrantes, da Europa Ocidental, onde a profissão emergiu originalmente, no ocaso do século XIX, aos países americanos, para onde migrou ao longo do século XX. Especialmente nas sociedades em que era forte a incidência da cultura católica, desde que o Vaticano, no seu esforço de *aggiornamento* em face da Modernidade que sempre combateu, acabou, em 1891, por "reconhecê-la" — desde Leão XIII, em suma, nessas sociedades, mas não só, a "questão social" inscreveu-se no coração mesmo do Serviço Social. E, no que toca a este aspecto, a gênese e o desenvolvimento da profissão no Brasil é emblemática: diretamente conectado à ação do laicato católico, o nosso Serviço Social — dos seus "pioneiros", nos anos 1930, aos promotores da sua reatualização conservadora, na agonia do ciclo ditatorial aberto com o golpe de 1º de abril de 1964 — nunca deixou de queimar o seu incenso no altar da "questão social".

O problema real, infere-se, não está em saber se a profissão se reconhece, ou não se reconhece, medularmente vinculada à "questão social". *O verdadeiro problema consiste na determinação rigorosa do conteúdo, da pluricausalidade e das refrações da "questão social"* — e desta determinação decorre, em larga medida, a concepção mesma da profissão, sua funcionalidade, suas possibilidades e seus limites. Neste sentido, há como que uma disputa histórica (obviamente envolvendo as dimensões teórica, ideológica e política) acerca da carga semântica específica contida na expressão "questão social".

Esta disputa, no Brasil, ganhou clareza a partir de meados dos anos 1970, quando a luta contra o regime ditatorial oriundo do golpe de 1964 foi dinamizada pela reinserção da classe operária na cena política, processo que acabou por rebater nas instâncias profissionais do Serviço Social (das agências de formação às entidades de representação da categoria dos assistentes sociais). De uma parte, gestaram-se: *a)* condições *políticas* para a expressão, no interior da categoria profissional, de demandas democráticas, e mesmo radicalmente democráticas; e, de outra parte, *b)* condições *teóricas* para a formulação de elementos cruciais para ressignificar o conteúdo atribuído à "questão social". São indicativos deste processo (cujas dimensões teórico-práticas só são distinguíveis abstratamente), entre outros marcos, o hoje festejado "Congresso da Virada" (o III CBAS, de 1979) e a elaboração seminal de Marilda Iamamoto (originalmente dada a público em 1983).

Os anos 1980 consolidaram, no plano ideal, a ponderação de uma determinação mais precisa, e de raiz crítica, da "questão social". Refletindo, mediatamente, o avanço das lutas sociais — expressão do nível dos conflitos de classes — brasileiras, as determinações político-conservadoras e/ou técnico-conservadoras da "questão social" foram deslocadas por visões político-reformistas e/ou político-revolucionárias. Muito especialmente, surgiu uma expressiva bibliografia, nitidamente progressista em termos político-sociais (ainda que, em geral, ancorada em visões político-reformistas, de marcado viés social-democrata), que repôs de forma renovada a "questão social" no debate profissional. Graças a esta documentação, a "questão social", rompendo-se o monopólio precedente do conservadorismo, foi reincorporada (a meu juízo, definitivamente) na agenda do Serviço Social brasileiro.

É sobre a base deste acúmulo que, nos anos 1990, gesta-se o consenso que mencionei no primeiro parágrafo deste *Prefácio*. A novidade de tal consenso reside em que, nele, a concepção de "questão social" apresenta-se com suas raízes conservadoras erradicadas: no trabalho da equipe de profissionais então convocada pela hoje *Associação Brasileira de Ensino e Pesquisa em Serviço Social* (ABEPSS) para a formulação das *Diretrizes curriculares para o curso de Serviço Social*, a "questão social" foi posta de tal modo (seja em relação à concepção de Serviço Social, seja notadamente na articulação dos conteúdos programáticos) que quaisquer fundamentos conservadores foram eliminados. Salvo grave erro de apreciação, é possível afirmar que, naquele documento — que, ao que parece, as vanguardas profissionais consideram peça constitutiva do chamado *projeto-ético político* do Serviço Social brasileiro —, os remanescentes do conservadorismo na consideração da "questão social" tornaram-se mesmo residuais. Numa palavra, se se pode falar de uma hegemonia profissional *ideal* (fundada numa concepção teórica crítica e consistente, numa visão ideológica anticapitalista e num compromisso democrático), no que toca à noção de "questão social", ela se estabeleceu nos finais da década de 1990.

Porém, como gostava de gracejar nas suas aulas o mestre Florestan Fernandes, "o mundo gira e a Lusitana roda". E como girou e rodou! A formidável campanha ideológica de descrédito do pensamento crítico e de esquerda (preferencialmente, mas não exclusivamente, da tradição marxista) — novamente com o recurso à ideologia do fim das ideologias —, a assombrosa capitulação de amplos setores da intelectualidade etc., fenômenos de alcance mundial, expressivos do novo quadro em que as lutas (mundiais) de classes foram acantonadas pela ofensiva política e cultural das franjas mais agressivas das classes possidentes, tais fenômenos rebateram também entre nós, ainda que com algum retardo se considerada a realidade dos países capitalistas centrais. Nem mesmo o terrível saldo sócio-humano das experiências ditas neoliberais, nem mesmo a cronificação da crise capitalista (de que o marco de 2008 não é mais que um indicativo do que nos aguarda) interromperam o ciclo da *decadência ideológica* que, desde os anos 1970, faz desta quadra um dos momentos mais regressivos da história moderna. Rebatendo com algum atraso no Brasil (pode-se tomar como seu ponto de partida, entre nós, o primeiro governo FHC), este processo — e não há espaço, aqui, para sequer mencionar as suas bases materiais e sociais — haveria de afetar aquela hegemonia *ideal*, relativa ao Serviço Social, a que fiz referência.

No caso específico da noção de "questão social", a disputa pela sua (res)significação entrou, então, na ordem-do-dia. O conteúdo que lhe foi conferido pelos setores mais avançados do segmento profissional vem sendo erodido gradual, *mas substantivamente*, desde o momento mesmo em que se tornou ponderável. Com apoio em farta bibliografia acadêmica (a que não são alheios autores credibilizados pela sua adesão ao credo pós-moderno e/ou à retórica da "crise dos paradigmas"), ninguém se propõe a naturalizar, à moda antiga, a "questão social" — mas há um batalhão de ideólogos que opera, fundamentalmente, no sentido da sua *desistoricização* e da sua *semiologização*. O primeiro movimento é flagrante na recusa explícita em compreender a "questão social" como *necessariamente* vinculada à *lei geral da acumulação capitalista* — uma vez operada esta desvinculação, está aberta a via para desistoricizar a "questão social", mesmo que sob o verniz de "historicizá-la" mais amplamente, tornando-a uma "questão" transistórica (no fundo, *meta-histórica*). O segundo, mais sutil, revela-se na expressa preocupação em "deseconomicizar" o trato da "questão social", tornando a noção "mais aberta", "mais flexível" — preferencialmente uma noção conectada à ideia de "contrato social", embasada culturalmente; aqui, uma pretensa "desdogmatização" teórica desobstrui a via para tergiversar os problemas decisivos da vida social, diluindo completamente a gravitação dos seus suportes sociomateriais.

É numa conjuntura teórico-ideológica como esta que cabe saudar a terceira edição deste pequeno ensaio, que a *Cortez Editora* relança em uma nova coleção. O simples fato de, em cinco anos, se terem esgotado duas edições de *A categoria "questão social" em debate* já é, em si mesmo, significativo. O trabalho de Alejandra Pastorini, doutora em Serviço Social e Professora-Adjunta da Escola de Serviço Social da Universidade Federal do Rio de Janeiro — jovem pesquisadora que tem se destacado por um cuidadoso trato das políticas sociais —, não tem pretensões enciclopédicas: é um texto limpo, direto, que reúne, a partir de informação qualificada e senso crítico, uma síntese de algumas polêmicas pertinentes à "questão social". Importa assinalar, antes de mais, que a brevidade do texto não levou a autora a marginalizar elementos essenciais para a compreensão do seu objeto, entre os quais, deve-se ressaltar, a sua contextualização histórica (cf. o *Capítulo 1*). Destaque-se, na economia textual e na estrutura expositiva, a sintética força argumentativa do seu *Capítulo 2*, no qual se enfrentam pensadores de nível diverso, mas protagonistas do debate contemporâneo. O cuidado com a América Latina, mesmo levando o caráter igualmente compacto do *Capítulo 3*, não tem a ver com as raízes da autora (uruguaia de nascimento, brasileira por escolha profissional) — antes, tem a ver com a sua prudência em considerar de modo não provinciano a sua problemática. Enfim, no *Capítulo 4*, a necessária, e corajosa, na conjuntura acadêmica presente, síntese da sua reflexão.

A CATEGORIA "QUESTÃO SOCIAL" EM DEBATE                    17

Raros textos acadêmicos, hoje, são como este — simples, mas inteiramente distanciado do simplismo; breve, porém rico em pistas de reflexão; direto, todavia calçado em sólida fundamentação. E, como deve ser todo texto acadêmico, aberto à problematização, à crítica, à revisão.

Mas, substantivamente, um texto que navega contra a corrente.

JOSÉ PAULO NETTO
Rio de Janeiro, julho de 2010

# Apresentação

O texto que ora apresentamos[1] tem como interesse medular o estudo crítico sobre os usos da categoria "questão social". Essa problemática será pensada à luz das transformações políticas, econômicas e sociais que vêm ocorrendo nos últimos trinta anos nas sociedades capitalistas no seu estágio monopolista.

São essas mudanças, sem lugar a dúvida de destacada importância, que levam alguns autores a pensar que nos encontramos perante uma "nova sociedade", com "novos problemas", "novos atores sociais" e "novas" formas de participação política, elementos estes que supostamente estariam evidenciando a presença de uma "nova questão social".

Centrando nossa atenção na "questão social", analisaremos como essa exaltação do "novo", em oposição ao

---

1. Para a elaboração deste texto tomamos como insumo a pesquisa de doutorado sobre a novidade da "questão social" e o "novo paradigma de políticas sociais". Essa discussão encontra-se registrada na Tese de Doutorado intitulada *O círculo maldito da pobreza no Brasil: a mistificação das "novas" políticas sociais*, apresentada em maio de 2002, no Programa de Pós-Graduação em Serviço Social da UFRJ, orientada pelo professor dr. Aloísio Teixeira (cf. Pastorini, 2002).

"antigo", faz perder de vista a processualidade dos fatos, ou seja, essa ênfase colocada na "novidade" não permite compreender as continuidades e as rupturas, assim como tampouco possibilita capturar aqueles elementos que se repetem e que permanecem ao longo da história e aqueles outros que mudam acompanhando o ritmo das transformações societárias.

Partimos da premissa que quando se quer pensar a "questão social" na atualidade não ajuda opô-la a uma suposta "antiga questão social" e a partir daí falar da existência de uma "nova questão social". Embora concordemos que existem novos elementos, novas expressões imediatas da "questão social", que poderiam nos levar a pensar que ela é nova, entendemos que existe uma nova versão ou uma nova forma de se manifestar a "questão social", mas que ela continua a manter os traços essenciais e constitutivos da sua origem.

Assim podemos dizer que existem diferentes versões da "questão social" nos diferentes estágios capitalistas, e, portanto, diferentes respostas dadas a ela por parte da sociedade no decorrer da história, mas mantendo-se os elementos da busca da estabilidade e manutenção da ordem estabelecida, da preocupação com a reprodução dos antagonismos e contradições capitalistas, e da legitimação social, como denominador comum entre essas diferentes versões.

Tendo presente esses elementos que persistem no transcurso da história das sociedades capitalistas e que se encontram presentes nas diferentes versões da "questão social", queremos destacar o que há de novo na versão contemporânea da "questão social" e quais os elementos que permanecem e que cruzam os diferentes estágios capitalistas e as diferentes versões da "questão social". Desvendar os espaços de interconexão no transcurso do tempo, como forma de atender à continuidade e à mudança no marco das determinantes históricas, será o que nos permitirá pensar a "questão social" na sua totalidade e como parte do movimento da própria sociedade capitalista.

Se a realidade é uma totalidade em movimento, ela só pode ser entendida na medida em que se capture esse movimento, o que implica capturar o progresso histórico, mas não pensado linearmente (como cortes: passado/presente/ futuro), nem como uma sucessão de fatos, e sim numa relação dialética, de continuidades e rupturas, entre passado e presente.

Como veremos no decorrer deste texto, a insistência por parte de alguns autores nessa distinção entre "antiga questão social" e "nova questão social" incita a descobrir a novidade e a originalidade deixando de lado aqueles traços que perduram no decorrer da história, e sem conseguir explicar o porquê da sua permanência.

Essa discussão sobre a "questão social" e as mudanças nas suas expressões é importante para entender o real significado e intencionalidade das principais respostas dadas às manifestações da "questão social" na contemporaneidade.

É importante lembrar que, seguindo as diretrizes dos organismos multilaterais, foi implementado no Brasil (como na maior parte dos países da América Latina) um conjunto de políticas de ajuste macroestruturais que vieram acompanhadas da reestruturação produtiva em nível mundial e da rearticulação da hegemonia burguesa em torno do projeto neoliberal. Essas mudanças trouxeram consequências totalmente nefastas para a maioria da população brasileira, especialmente para os setores trabalhadores, que mais uma vez pagaram os custos da crise.

Nos últimos anos percebe-se um aumento nas taxas de desemprego (principalmente no ramo da indústria) e crescimento da precariedade das condições de emprego, questões diretamente vinculadas à regressão dos direitos sociais, bem como ausência de proteção e enfraquecimento da expressão sindical dos trabalhadores. A redução crescente do emprego industrial e, em decorrência, o aumento da desproteção de amplos setores, acompanhados do aumento da pobreza, levam alguns autores a afirmar que a "questão social" a partir de então passa a ser outra, tornando-se diferente daquela que emergiu no século XIX; esta "nova questão social" seria uma consequência da revolução tecnológica que deixaria para trás um modelo industrial para adentrar numa sociedade "pós-industrial" ou "pós-trabalho".

Nossa argumentação será orientada pela ideia de que não se trataria de uma "questão social" essencialmente nova, mas tampouco idêntica à "questão social" no século XIX. A "questão social" contemporânea nas sociedades capitalistas mantém a característica de ser uma expressão concreta das contradições e antagonismos presentes nas relações entre classes, e entre estas e o Estado. As relações capital — trabalho, no entanto, não são invariáveis, como tampouco o é a forma de organização do capital e do trabalho: por isso, concordamos com a ideia de que existem novidades nas manifestações imediatas da "questão social", o que é bem diferente de afirmar que a "questão social" é outra, já que isso pressuporia afirmar que a "questão social" anterior foi resolvida e/ou superada. Essas novidades na forma que assume a "questão social" capitalista nos diferentes países e nos distintos momentos históricos vão depender também das particularidades históricas em cada formação econômica e social (conformação das classes sociais, nível de socialização da política, características do Estado e das estratégias de organização do capital).

# Capítulo 1

# As mudanças na sociedade contemporânea e a "questão social"

Os defensores da "nova questão social" partem do pressuposto de que as mudanças ocorridas no mundo capitalista contemporâneo marcam uma ruptura com o período capitalista industrial e com a "questão social" que emergiu na primeira metade do século XIX, com o surgimento do pauperismo, na Europa Ocidental.

Assim, no processo inacabado de busca da novidade, entram em cena os "novos sujeitos", "novos usuários" que teriam "novas necessidades". Essas novidades seriam produto das transformações da sociedade capitalista vividas, mundialmente, a partir de meados dos anos 1970, que trazem consigo a necessidade de redefinir os modos de regulação econômicos e sociais.

Segundo Rosanvallon (1995), o crescimento do desemprego e o aparecimento de novas formas de pobreza (nova pobreza, exclusão social etc.) estariam indicando o surgimento da "nova questão social" e o esgotamento do modelo de proteção social baseado no risco coletivo devido à não adaptação dos velhos métodos de gestão social à nova realidade. Assim, hoje estaríamos em presença de uma crise de ordem filosófica que questionaria a base de sustentação do Estado-providência: o princípio de solidariedade e a própria concepção de direitos sociais.

Por sua vez Castel (1998) entenderá que a crise dos anos 1970, que se manifesta pelo agravamento do problema do emprego (aumento do desemprego e da precariedade, processo este último regido pelas novas exigências tecnológico-econômicas da evolução do capitalismo moderno), tem-se tornado um processo irreversível e cada vez mais acelerado. Sem desconhecer a importância que o desemprego tem para a sociedade salarial, o autor entende que a precarização torna-se um dos principais riscos na contemporaneidade, uma vez que alimenta, sem limites, a vulnerabilidade social contribuindo, ao mesmo tempo, com a ampliação do processo de desfiliação. Assim, coloca-se a desestabilização dos estáveis como o principal problema da sociedade capitalista.

Ambos os autores entendem que os invalidados pela conjuntura (inúteis para o mundo, segundo Castel) e os novos pobres e excluídos (segundo Rosanvallon) não remetem mais à "antiga" categoria de exploração.

Esses autores, como veremos no segundo capítulo, entendem que tais transformações estariam indicando a presença de uma ruptura com a antiga "questão social" que emergiu no século XIX; dentro dessa lógica de pensamento, concluem que o Estado deve responder de forma inovadora, sendo para isso necessário ir além das "ultrapassadas" formas de regulação social que tiveram seu máximo esplendor nos "Trinta Anos Gloriosos", com os modelos de *welfare state* nos países do centro capitalista. Dessa forma, apresentam-se várias alternativas à sombra do Estado capitalista, como, por exemplo: o Estado estrategista,[1] o Estado inteligente,[2] o Estado-providência ativo.[3]

Assim começam a difundir-se as concepções e explicações "tecnologicistas" sobre as mudanças contemporâneas da sociedade, que geralmente têm como referência central os países europeus. Segundo Vega Cantor, essas concepções partem do pressuposto que "as transformações do trabalho experimentadas nesses países [Europa, Estados Unidos e Japão] podem ser extensivas, na sua forma 'civilizada', à Europa, ao mundo todo, sem gerar contradições essenciais, nem graves problemas para o conjunto dos trabalhadores, e que essas transformações têm que deixar de ser analisadas como resultado da reestruturação internacional do capita-

---

1. Termo utilizado por Castel para designar o Estado preocupado com a proteção social. Esse Estado teria a tarefa primordial de manter a coesão social. O *Estado estrategista* não implicaria nem mais nem menos Estado, e sim um Estado que intervenha estrategicamente, colocando em funcionamento políticas de inserção social (reparadoras e preventivas) para as populações mais pobres e/ou aqueles invalidados pela conjuntura de crise — cf. Castel (1998).

2. Geralmente, esse adjetivo é utilizado nos documentos dos organismos multilaterais para fazer referência a um Estado supostamente diferente do *welfare state* e do Estado mínimo; dessa forma, o *Estado inteligente* seria aquele concentrado em desenvolver funções estratégicas para a sociedade, com uma organização gerencial que lhe permitiria intervir com maior eficiência através do somatório de esforços entre o Estado, a sociedade civil e o mercado — cf. Kliksberg (1998), Bresser Pereira (1998 e 1998a).

3. Rosanvallon parte da premissa que as políticas universais estão ultrapassadas, portanto o Estado deve assumir a forma de *Estado-providência ativo*, deixando de ser um distribuidor de subsídios e um administrador das regras universais, e transformando-se num Estado de serviços, baseado em ajudas diferenciadas, solidárias e individualizadas — cf. Rosanvallon (1995).

lismo das últimas duas décadas, para ser vistas como um irreversível e inevitável resultado da inovação tecnológica" (Vega Cantor, 1999, p. 64).

Também há uma forte presença nesse debate das análises e estratégias de "solução" de estilo neoliberal. Além das suas diferenças, que não podem ser negligenciadas, existe um denominador comum que diz respeito a que, por um lado, o marxismo seria um paradigma em crise (portanto, suas explicações não dariam mais conta da "nova" realidade) e, por outro, entendem que a relação de assalariamento não serviria mais como elemento central de integração na sociedade contemporânea; dessa forma, seria necessário o estabelecimento de "novos contratos sociais" para poder restabelecer os vínculos de solidariedade.

O estudo da literatura mais recente nos obriga a fazer referência a um autor que, além da escassa consistência teórica dos seus textos e discursos, tem ampla difusão e presença no debate acadêmico e no mundo empresarial em geral, assim como também ocupa um destacado lugar nos foros e debates promovidos pelos organismos governamentais dos diferentes países.

Trata-se do economista norte-americano Jeremy Rifkin,[4] que entende que o mundo encontra-se numa nova

---

4. Jeremy Rifkin, especialista em temas trabalhistas, formou-se na Wharton School of Finance and Commerce da Universidade de Pensilvânia, foi fundador e presidente da Foundation on Economic Trends em Washington (EUA) e consultor do presidente William Clinton. É autor de vários livros sobre tendências econômicas e questões relacionadas a tecnologia e cultura, porém aqui só tomaremos como referência o conhecido livro *El fin del trabajo* (1997), a conferência apresentada no círculo de Montevidéu sobre emprego, flexibilidade e proteção social (1997a) e o texto "Identidade e natureza do terceiro setor" (1997b).

fase da história, em que a humanidade enfrenta o "fim dos empregos" — título de um dos seus livros que será discutido aqui —, consequência inevitável da revolução tecnológica que deixa para trás o modelo industrial para adentrar numa economia global na era da informatização.

Pensa a terceira revolução industrial — que, segundo ele, surge depois da Segunda Guerra Mundial, mas que só agora, nos anos 1990, tem um impacto significativo — centrando sua atenção na relação existente entre as inovações tecnológicas e as forças do mercado que, a seu ver, nos empurram para um mundo praticamente sem trabalhadores — a denominada "era pós-mercado".

A questão central que se coloca o autor refere-se a que fazer com essa enorme massa de "desempregados tecnológicos" quando, por um lado, os três setores tradicionais — agricultura, manufatura e serviços — estão automatizando-se e já não conseguem absorver os milhões de pessoas sem trabalho; e por outro, quando o Estado, cada vez mais minimizado, diminui bruscamente seus gastos sociais. Perante o problema do fim dos empregos, a resposta moralizadora de Rifkin vai numa dupla direção.

Primeiro, a tarefa deve ficar a cargo do "terceiro setor" (ou seja, cada uma das instituições que não são agências governamentais, nem empresas privadas: igrejas, ONGs, clubes esportivos, organizações culturais e artísticas etc.), que deverá ser financiado pelos recursos arrecadados mediante pequenos impostos cobrados sobre os benefícios que gerarão as novas tecnologias.

O autor entende que isso implica romper com o "atual paradigma", que pensa em mercado, por um lado, e governo, por outro; os países, segundo Rifkin, têm três setores (mercado, setor público, mediados pelo terceiro setor), e não dois. Diz claramente: "há três setores, uma vez que entendamos isso, teremos um novo debate político, repensando o contrato social. Podemos começar a pensar em novos tipos de empregos no mercado. O mercado cria empregos no seu setor e o governo, no seu. O terceiro setor cria empregos remunerados e trabalho não remunerado" (Rifkin, 1997a). Este terceiro setor (que, para o autor, é o primeiro em importância) está crescendo mais rapidamente do que os outros dois, mas o problema que apresenta é que seus participantes se concebem como integrantes de um setor subjugado, suplicam ao governo, às instituições filantrópicas e ao mercado para obter verbas, sem entender que esses setores cada vez são menos importantes e que já não são capazes de assegurar as necessidades básicas das pessoas. Nessa linha, o autor aconselha que os cidadãos reconstruam comunidades locais, aproveitem as horas livres em tarefas construtivas fora dos setores público e privado (cf. Rifkin, 1997, p. 279-80) como forma de não caírem numa "economia irregular" e evitar um mundo mais perigoso, já que "a substituição produzida pela tecnologia e o crescente desemprego levam a um espetacular aumento da criminalidade e da violência, dando um claro presságio dos tempos de instabilidade que estão por vir" (idem, p. 249).

O segundo caminho proposto pelo autor é o de reduzir a semana de trabalho a trinta horas (no máximo), sem diminuir os salários; e o Estado isentaria as empresas do pagamento dos impostos, sempre que elas dividissem com seus empregados os ganhos quando, aplicando novas tecnologias, se obtenham lucros (cf. Rifkin, 1997b, p. 19).

Dessa forma, conseguir-se-ia liberar milhões de pessoas, aproveitando as horas livres "para restaurar a vida familiar e comunitária, enfim, a denominada vida civil. Trata-se, então, de trabalhar para viver, libertar a humanidade, restaurar a família e a comunidade civil" (idem, p. 18).

Assim fica apresentada sinteticamente qual é a alternativa que Rifkin encontra para sair da crise de civilização que vive atualmente a humanidade, produzida pelo "fim do trabalho". Perante esse diagnóstico social de catástrofe, frente ao temor do caos social, ao medo ocasionado pelo aumento da criminalidade e da violência, ele coloca uma "saída salvadora" que podemos adjetivar como moralizante e voluntarista, descuidando intencionalmente o espaço que ocupam as lutas política e pela hegemonia. Segundo esse autor, tal situação poderia ser resolvida se os líderes empresariais, os trabalhadores e a comunidade em geral sentassem à mesa de negociações com o objetivo de repensar o contrato social.

Dessa forma entendemos que, por um lado, às lutas pela hegemonia lhes são retirados seu conteúdo transformador e seu caráter de conflito, assim elas ficariam transformadas em diferentes expressões harmonicamente relacionadas que, por via da negociação pacífica, determinarão quais são os caminhos a ser seguidos pelas reformas e ajustes. Por outro lado, vemos claramente como, para Rifkin, as relações de trabalho não representariam o conflito social central; dessa forma, os esforços dos "cidadãos" devem se orientar para reconstruir as comunidades locais que serviriam como base para a emergência de uma "sociedade civil" que se levantaria como alternativa entre o mercado e o Estado.

Aqui devemos fazer referência àqueles autores que afirmam que hoje vive-se uma "crise do trabalho"; entendendo assim que a capacidade heurística da categoria trabalho, para analisar a sociedade contemporânea, estaria posta em questão.

Como já falamos anteriormente, a segunda metade dos anos 1970 marca um ponto de inflexão no mundo capitalista, já que nesse momento o desemprego se apresenta como uma das principais preocupações da maioria de todos os países. Evidentemente, essa problemática, não completamente nova mas com dimensões notoriamente diferentes, passa a ser de interesse prioritário para os cientistas sociais.

Nesse período, surgem alguns textos tendentes a explicar o desemprego e a nova conjuntura social sob a ótica do fim do trabalho. Foi Gorz (1987), com seu livro *Adeus ao proletariado*, publicado em 1980, um dos pensadores que deu o pontapé inicial para desenvolver toda uma corrente de pensamento que entende que o problema do desemprego não é uma questão conjuntural nem própria da dinâmica capitalista, mas, pelo contrário, relaciona-se com o esgotamento do paradigma da sociedade do trabalho, questionando assim a sua centralidade na produção do ser social.

Previamente, queremos fazer uma sinalização: essa forma de questionar a centralidade do trabalho como categoria de análise deu lugar a um variado leque de interpretações (muitas delas enganosas), datadas dos anos 1980 e 1990, que tendem a identificar a crise do emprego com a crise do trabalho. Como indica Cocco, "estas visões aparecem como efeitos de uma miopia analítica que impede de enxergar, na crise da relação salarial formal, *a amplificação e difusão social da relação de trabalho*. Trata-se das múltiplas formas — fragmentação, flexibilização, terceirização — de um processo de *désalarisation* que não pode esconder sua dimensão meramente formal. Mais claramente, a nosso ver, *a chamada crise do trabalho só aparece como a grosseira mistificação da nova centralidade do trabalho vivo*" (in V. V. A. A., 1998, p. 18).

Tomando como ponto de partida o pretenso desaparecimento da relação de trabalho e apoiados nas oposições binárias emprego/desemprego e tempo de trabalho/tempo livre, alguns autores afirmam que estamos vivendo uma nova era que será chamada de: "pós-mercado", "pós-trabalho", "pós-industrial", "pós-capitalista" etc.

Segundo Antunes (1996 e 1997), quando se fala de crise da sociedade do trabalho, é necessário qualificar de que dimensão se trata: se é uma crise da sociedade do trabalho *abstrato*, entendida como a redução do trabalho vivo e a ampliação do trabalho morto (como em Kurz), ou uma crise do trabalho *concreto*, enquanto elemento estruturante do intercâmbio social entre os homens e a natureza (como seria o caso de Gorz, Offe, Habermas, entre outros).

Entendemos que um dos erros cometidos por esse segundo grupo de autores estaria no fato de não pensar o trabalho incorporando a sua dupla e indissolúvel dimensão, ou seja, trabalho abstrato (que cria valores de troca) e trabalho concreto (criador de valores de uso) como duas dimensões dialeticamente unidas.[5] Antunes entende, nesse

---

5. Num dos seus textos, quando discute a centralidade do trabalho, Leo Maar mostra como se dá esse movimento dialético entre as duas dimensões do trabalho; afirma que "o trabalho criador de valores de uso, que em si é 'condição de exis-

sentido, que "uma coisa é conceber, com a eliminação do capitalismo, também o fim do trabalho abstrato, do trabalho estranhado; outra, muito distinta, é conceber a eliminação do universo da sociabilidade humana, do trabalho concreto, que cria coisas socialmente úteis ao criador" (1997, p. 98).

É sobre esse "equívoco analítico" que alguns desses autores levantam suas propostas "utópicas" de uma sociedade do tempo livre, ou seja, do tempo livre de trabalho, que consistiria na liberação do homem do suplício do trabalho; mas aqui o trabalho é pensado no seu aspecto "negativo" e não como atividade útil, como elemento fundante da sociabilidade humana. Nesse sentido, perante a crescente substituição do homem pela máquina, buscam-se alternativas como a repartição da renda (via segundo cheque,[6]

---

tência dos homens, eterna necessidade natural' (...), não se apresenta assim em sua especificidade social. E se atentarmos a esta sua determinação sócio-histórica peculiar, o trabalho social se revela como forma social particular de existência: trabalho abstrato e equivalente. A aparência social, portanto, dessa essência que seria o trabalho gerador de valores de uso, desponta como sendo o contrário de uma mera produção intelectual ou resultado do pensamento, uma 'coisa mental' referida às condições de quem apreende a essência 'meramente' como aparência. Ao contrário, esta aparência que é o trabalho em sua forma social histórica determinada nas condições capitalistas, é o ser real da negatividade da essência — o trabalho social — quando esta é conformada com a existência imediata, empírica" (Maar, 1997, p. 61-2).

6. Segundo Aznar, o segundo cheque não deve ser direcionado aos inativos (os excluídos do mercado de trabalho), pelo contrário, deve ter como alvo os ativos com o objetivo de compensar a redução do tempo de trabalho. Apoiado na ideia que a renda e o trabalho devem ser garantidos, propõe dois tipos de renda complementar para os ativos: *o salário de tempo parcial*, que permite às pessoas passar de um emprego de tempo integral para tempo parcial mantendo a remuneração, os recursos proveriam do orçamento destinado à indenização do desemprego; para justificar o *salário tecnológico*, o autor parte da ideia que existe uma substituição da máquina pelo homem como decorrência da revolução tecnológica, dessa forma Aznar propõe redistribuir a riqueza produzida pela máquina sob a forma de segundo cheque (cf. Silva e Silva, 1997, p. 75-7).

como propõe Aznar, ou renda social,[7] no caso de Gorz)[8] independentemente da participação dos sujeitos na esfera de produção, assegurando a cobertura das necessidades básicas e uma maior disponibilidade de tempo livre. Esses pensadores parecem não considerar que esse tempo livre é tempo alienado, ou seja, é tempo livre que convive com as formas existentes de trabalho estranhado e fetichizado (cf. Antunes, 1997, p. 98). Essa cisão fica evidenciada nas palavras de Aznar, quando afirma que a repartição do trabalho permitirá, ao mesmo tempo, repartir o tempo livre. Assim, diz que "o tempo novo (...) é um tempo alternativo. Não é mais determinado pelo sistema, mas por cada pessoa; não é mais programado pelos ritos coletivos, mas pelos ritos individuais; não é mais contraponto de nada, tem existência própria. É talvez a primeira vez na história da humanidade que os homens terão tempo para a liberdade; é a primeira vez que terão oportunidade de ter realmente seus tempos livres" (Aznar, 1995, p. 29-30).

---

7. A proposta de renda social de Gorz encontra-se articulada a um projeto de sociedade alternativa baseada no aproveitamento do tempo livre com objetivo emancipatório. Para isso é necessário: *redução do tempo de trabalho* (para que todos trabalhem menos de modo a utilizar o tempo livre desenvolvendo as potencialidades pessoais), *redução de modo intermitente* (programado por cada um), *redução da duração do trabalho sem perda de renda* (redistribuindo a renda socialmente produzida). O autor entende que isso implica planejamento e restrições aos mecanismos de mercado, o que requer, necessariamente, um projeto de sociedade alternativo (cf. Gorz, 1997, p. 231-73; Silva e Silva, 1997, p. 77-81).

8. Silva e Silva, no seu livro *Renda mínima e reestruturação produtiva* (1997), estuda uma a uma as diferentes propostas de renda mínima classificando-as em três grandes concepções: propostas de inspiração liberal, propostas progressistas de inspiração redistributivista e propostas de renda mínima de inserção. As propostas de Gorz e Aznar, a autora as localiza no segundo grupo de propostas segundo sua classificação.

Mas a que sociedade Aznar está fazendo referência? A que tempo livre? Livre de que e para quê? Entendemos que não se pode pensar numa sociedade emancipada no tempo livre e alienada no trabalho. Essa dualidade só é possível se desconhecemos as características centrais do sistema capitalista e seu desenvolvimento (mercantilização das necessidades, fetichização do trabalho etc.), esquecendo a submissão do trabalho ao capital. O processo de emancipação só pode ser do trabalho, no trabalho e pelo trabalho; e não negando-o, já que o trabalho enquanto expressão criadora é indispensável para a existência humana.

Dentre essas análises (tanto europeias como norte-americanas), destaca-se a influência do pensamento francês (sobre a crise do trabalho e do *welfare state*, sobre o surgimento dos "excluídos" e da nova pobreza).

Podemos constatar, tomando como referência as elaborações e reflexões da literatura internacional referidas ao tema, que parte significativa da produção teórica e das discussões sobre a "questão social" no Brasil, e especificamente dentro do Serviço Social, tem andado nessa direção. Analisando a bibliografia brasileira sobre a "questão social", podemos corroborar a forma como essas elaborações foram transladadas — muitas vezes mecanicamente — para os países latino-americanos, esquecendo as substantivas diferenças existentes entre países e regiões (trajetórias dos sistemas de proteção social, tipo e grau de cobertura etc.), as características históricas de cada formação socioeconômica, e a base política que fundamenta essa formação social (correlação de forças, lutas políticas, resistências etc.).

O mundo capitalista atravessa, nestas últimas décadas, um período de profundas modificações nos seus padrões de produção, de acumulação e de concorrência, implicando "novos" desafios tanto para os Estados e seus governos, quanto para os setores que representam o capital e para as classes trabalhadoras (no que se refere à sua inserção na estrutura produtiva, organização coletiva, representação política etc.).

A tese que aqui sustentamos é a de que as manifestações da "questão social" contemporânea não são uma decorrência natural, irreversível e inevitável do desenvolvimento tecnológico. Essas mudanças são expressão da crise que enfrenta o sistema capitalista internacional, consequência do esgotamento do modelo fordista-keynesiano que se estendeu até começos dos anos 1970. O processo de globalização financeira que caracteriza as relações internacionais contemporâneas vê-se reforçado com a "queda do mundo socialista", que questionava a lógica do capital e atuava como contratendência política e ideológica.

Essa globalização financeira não pode ser naturalizada, ela é produto de uma estratégia norte-americana, que levou ao controle quase absoluto dos Estados Unidos, que submeteram o conjunto da economia mundial capitalista à lógica financeira global. Segundo Teixeira,

> tanto a concentração de poder em mão dos Estados Unidos como o equilíbrio que caracteriza as relações internacionais não ocorreram por acaso. Elas resultam de uma estratégia adotada pela potência dominante desde 1979. Naquele ano, os Estados Unidos tomaram duas decisões estratégicas que iriam influenciar o rumo dos acontecimentos nas décadas seguintes:
> 
> • no plano da política econômica, a brutal elevação da taxa de juros e a consequente revalorização do dólar,

com o objetivo de submeter seus parceiros no mundo capitalista;

• no plano estratégico-militar, a adoção de programas armamentistas de alto conteúdo tecnológico, visando dobrar a União Soviética e esgotar sua capacidade financeira (Teixeira, 2000, p. 4).

A globalização financeira decorre da desregulação cambial e financeira imposta pelos Estados Unidos que "obrigam o restante do mundo capitalista a liberalizar os fluxos internacionais de capital (a chamada desregulação financeira) e a financiar as crescentes dívidas pública e externa dos EUA. A liberalização dos mercados cambiais e financeiros e a elevação do patamar dos juros internacionais induziram por toda parte à adoção de políticas deflacionistas e inibidoras do crescimento, desorganizando parte da divisão regional do trabalho e provocando o desenraizamento da grande e da pequena indústria de muitos países, frequentemente deslocadas para áreas com condições momentaneamente mais favoráveis de produção e comercialização" (Tavares e Melin, 1998, p. 43).

Todo esse processo trouxe mudanças importantes no mundo do trabalho, tanto na organização do processo de produção propriamente dito quanto na organização dos trabalhadores e nos direitos por eles conquistados. A seguir, desenvolveremos de forma rápida as principais mudanças ocorridas no mundo do trabalho e no Estado.

No mundo do trabalho capitalista contemporâneo a flexibilização condensa múltiplos processos. Especificamente no processo produtivo observa-se uma série de transformações que constituem um verdadeiro salto tecnológico.

Essas mudanças estão inseridas no processo mais abrangente de desenvolvimento da tecnologia digital de base microeletrônica e do progresso técnico gerado no complexo eletrônico. Assim, nos encontramos perante a substituição da eletromecânica pela eletrônica e frente a uma crescente informatização do processo de automação (cf. Lojkine, 1995).

As transformações nos métodos de produção ocorrem simultaneamente a uma série de mudanças, na criação de novas formas de trabalho, na contratação da mão de obra, nos níveis de desemprego, na organização dos trabalhadores, nas negociações coletivas, nos níveis de pobreza e crescimento das desigualdades sociais, retraimento dos direitos sociais, desregulamentação das condições de trabalho, entre outras.

Por uma parte, observa-se um aumento do desemprego *como consequência do retraimento do trabalho industrial e fabril* — quer dizer, principalmente nos países do capitalismo avançado existe uma rápida diminuição do emprego operário. Esse processo ocorre lado a lado a um *aumento de emprego no setor terciário* (comércio, serviços, setor financeiro etc.), conjuntamente com uma expansão do trabalho parcial, temporário, subcontratado, precário, terceirizado, vinculado à chamada economia informal.

Das mudanças do modelo de acumulação, que trouxeram consigo maior insegurança no emprego, decorre o rompimento do "pacto keynesiano", outorgando agora maior liberdade ao grande capital para levar à frente seus programas de demissões e para ampliar a organização do trabalho baseado na subcontratação, terceirização, precarização e no trabalho eventual. Isto produz uma importante *heterogenei-*

zação das classes trabalhadoras, colocando mais um desafio para as organizações de trabalhadores que até então tinham uma integração mais homogênea.

Essa precarização na contratação da força de trabalho traz consigo uma baixa remuneração, assim como também uma precária inserção no sistema de políticas sociais (seguridade social, assistência médica etc.). Dessa forma, vemos que existe uma dupla mudança na classe trabalhadora: por um lado, verifica-se uma transformação quantitativa dos trabalhadores inseridos em determinados ramos ou setores da produção, como por exemplo percebe-se uma importante diminuição no número absoluto de trabalhadores contratados no setor industrial e uma ampliação quantitativa do emprego do setor terciário; mas, por outro, constatam-se alterações qualitativas na forma de realizar o trabalho, relacionadas com a desespecialização dos operários "tradicionais" e a criação de trabalhadores polifuncionais, conjuntamente com uma requalificação especializada em ramos particulares (por exemplo: indústria automobilística, siderúrgica, química) (cf. Mattoso, 1995; Antunes, 1995).

Estas são algumas das particularidades que permitem caracterizar o mercado de trabalho flexível que o capital internacional requer na contemporaneidade: flexibilidade em relação à quantidade de trabalhadores e tempo de trabalho, flexibilidade regional, "especialização" também flexível, assim como a existência de um trabalhador que se acomode à volatilidade da demanda do mercado. Esses processos encontram-se acompanhados de grandes mudanças na organização industrial — quer dizer, por um lado, existe uma *concentração crescente de capital em grandes gru-*

*pos* (oligopólios), e, por outro, uma *desconcentração da produção* em empresas independentes e instalações produtivas, expandidas internacionalmente.

Todas essas mudanças vêm acompanhadas do aumento do *desemprego*, problema que se faz presente no mundo inteiro.[9] Esse novo estágio de desenvolvimento capitalista encontra-se acompanhado do aumento da *pobreza*, que se vê hoje engrossada por um conjunto cada vez maior de trabalhadores excluídos do mercado formal de trabalho.

Essa chamada "nova pobreza" deve ser analisada tendo em consideração uma dupla dimensão: por um lado, a pobreza "convencional" inerente ao sistema capitalista, que diz respeito à ausência de renda e às desigualdades de classe; por outro, mas interligado, é necessário não esquecer o empobrecimento que vivenciam alguns setores da população, outrora mais bem situados socialmente.

As "novas" configurações da pobreza podem ser percebidas, por exemplo, no empobrecimento e proletarização da classe média, na redução do número de trabalhadores maiores de 45 anos inseridos no mercado formal de trabalho e no aumento de famílias com um cônjuge só e/ou chefiadas por mulheres. Entendemos que este é um traço da maior importância e que caracteriza a novidade na forma que a "questão social" assume nos dias de hoje. Lembremos que muitos desses expulsos do mercado de trabalho são trabalhadores qualificados que até então tinham uma utilidade

---

9. Mattoso realiza uma detalhada análise da insegurança no mercado de trabalho e do problema do desemprego estrutural nos diferentes países europeus e nos variados ramos e setores da produção (1995, p. 77-86). Também cf. Dedecca, in Oliveira et al. (1997, p. 55-86).

para o capital, eram protegidos pelo Estado e lutavam para não serem explorados; hoje muitos lutam para ter a possibilidade de serem explorados.

O aumento nas taxas de desemprego e a precariedade das condições do emprego estão vinculados a uma "*regressão dos direitos sociais*, bem como uma ausência de proteção e expressão sindical" (Antunes, 1995, p. 44). Quer dizer que a flexibilização na contratação dos trabalhadores, que agora se apresentam em grande quantidade como temporários, casuais, subcontratados etc., vem acompanhada de uma menor segurança de emprego e de um maior nível de demissão a curto prazo, sem a cobertura da proteção social correspondente. É por esse motivo que entendemos estar na presença de uma regressão, de uma perda dos direitos adquiridos pelos trabalhadores, tanto em relação à segurança no emprego e a seu nível salarial, quanto à sua cobertura de seguro, pensão e outros tantos benefícios, até então "outorgados" aos trabalhadores e por eles "conquistados".[10] A partir dos anos 1970, e principalmente nos 1980, existe a preocupação do capital para se livrar das obrigações para com os trabalhadores, obrigações essas que foi impelido a assumir, em face do temor que significava a alternativa socialista.

---

10. Aqui estamos fazendo referência ao processo que se inicia com a reivindicação de demandas dos setores trabalhadores e que implica (devido ao caráter contraditório do sistema) uma luta entre classes e setores de classes contraditórios, em que se estabelece uma negociação entre as partes (negociação que implica ganhos e perdas de ambos os lados) e que tem como ponto de chegada o atendimento ("outorgamento"), via políticas sociais, de algumas das necessidades e demandas dos setores trabalhadores. Uma discussão sobre o complexo relacionamento "outorga" e "conquista", que tem como resultado as políticas sociais, pode ser encontrada em Pastorini (1997, p. 80-101).

Na busca de soluções para essa crise de rentabilidade e lucratividade, o capital se reordena rapidamente. Nesse sentido, o interesse do capitalista na terceirização de áreas antes vinculadas à grande indústria não se esgota numa questão econômica — também tem sua importância política. Por serem os trabalhadores a esmagadora maioria da população, constituem-se real e potencialmente numa "classe perigosa" para o capital; por isso, *é necessário heterogeneizá-la e atomizá-la*.[11]

É importante destacar que a exploração sob o capitalismo, ao contrário de formas pré-capitalistas, não demanda coerção política imediata. A subordinação do trabalho ao capital na atualidade conta, cada vez mais, com o consentimento e "aceitação" dos trabalhadores aos sacrifícios a eles impostos, através, como diz Mota (1995), de uma verdadeira reforma intelectual e moral, que busca construir uma nova cultura do trabalho e uma outra racionalidade política e ética que seja compatível com a sociabilidade requerida pelo atual projeto capitalista.[12]

O processo que sinteticamente delineamos até aqui traz consequências importantes nos diferentes setores da sociedade civil e no Estado, e, vice-versa, as mudanças ocorridas na sociedade civil e no Estado incidem na esfera da produção e na sua reestruturação.

---

11. Meneleu Neto faz uso das palavras de Alan Budd (professor de Economia da London Business School e ex-assessor de Thatcher) para mostrar como na Inglaterra, durante a década de 1980, os sindicatos e as classes trabalhadoras foram tidos como os principais obstáculos ao processo de renovação da economia. Ao falar das ações governamentais, afirmou que "aumentar o desemprego foi uma maneira muito conveniente de reduzir a força da classe operária" (in Meneleu Neto, 1996, p. 78).

12. Esta ideia encontra-se amplamente desenvolvida em Mota (1995 e 1997).

Após a crise generalizada da economia capitalista mundial dos anos 1970 e a capitulação política e ideológica da social-democracia, a dinâmica comandada pelo grande capital dá um importante giro. A reestruturação mundial do capitalismo foi acompanhada de uma ruptura do "compromisso social" entre as classes capitalistas e os trabalhadores (pacto que implicava como tendência o pleno emprego, o forte sistema de políticas sociais, a proteção dos direitos trabalhistas, a regulação das condições de trabalho etc. assumidos pelo Estado "keynesiano"). Agora, o grande capital internacional, agindo de forma crescentemente articulada, põe em marcha uma série de reajustes e transformações econômicas, políticas e sociais.

As referências às mudanças no mundo da produção e, mais precisamente, no mundo do trabalho são de máxima importância para compreender a "questão social" contemporânea e as respostas articuladas que busquem atender a suas manifestações, já que seria impossível explicar e analisar as manifestações da "questão social" hoje sem fazer referência ao contexto mais abrangente da reestruturação produtiva.

Assim, como diz Mattoso, "a redução daqueles níveis de segurança do trabalho do pós-guerra sem a plena configuração de uma nova relação salarial e padrão de consumo compatíveis com o salto executado pelas revigoradas forças produtivas tem ampliado a fragmentação e a desestruturação do trabalho e acentuado a paralisia política e o defensismo estratégico do movimento sindical, reduzindo ainda mais a solidariedade e coesão social. Tais fatores geram na atualidade uma verdadeira *desordem do trabalho* e ampliam as dificuldades para reconstruir-se uma nova hegemonia transformadora" (Mattoso, 1995, p. 77).

Uma das principais consequências dos altos níveis de desemprego estrutural e das mudanças nas classes trabalhadoras que se tornam heterogêneas, fragmentadas e complexificadas é o *retrocesso da ação sindical* (cf.: Mattoso, 1995; Oliveira et al., 1997; Boyer, in Boyer e Durand, 1993; Gorz, 1987). Isto se manifesta, por um lado, na queda da taxa de sindicalização e, por outro, nas dificuldades que a organização sindical tem para buscar formas alternativas ao sindicalismo tradicional, cada vez mais burocratizado.

Também a maioria dos partidos políticos de esquerda atravessam atualmente um período de impasses, o que não implica que os movimentos sociais (movimento dos trabalhadores, sindicatos e partidos políticos) caducaram e/ou desapareceram como instâncias nucleadoras de sujeitos de transformação social. Dessa forma, considerando as novas determinações sociais, políticas e econômicas, vemos que se incorpora à cena política uma pluralidade de sujeitos, que, longe de afastar os "tradicionais sujeitos", contribuirá para a ampliação do campo da política e para a renovação dos sujeitos políticos.

Essa pluralidade, ou esse amplo leque de sujeitos sociais e políticos, não implica que as classes trabalhadoras tenham perdido sua voz e seu protagonismo. Só está indicando que a sociedade tem-se complexificado e, com ela, o conjunto de sujeitos e relações políticas.[13] Dessa forma en-

---

13. Pensando as transformações no plano político, Netto afirma que, "enquanto a oligarquia financeira global se movimenta de maneira crescentemente articulada (...), as tradicionais expressões e representações das classes e camadas subalternas experimentam crises visíveis" (Netto, 1996, p. 99). Nesse contexto, surgem "novos sujeitos coletivos" que "vêm vitalizando a sociedade civil e renovando pulsões democráticas. Na medida, contudo, em que a esses movimentos,

tendemos que as manifestações da "questão social" devem ser explicadas com base no confronto de interesses contraditórios que trazem como consequência as desigualdades nas sociedades capitalistas.

Assim, a crise da sociedade capitalista hoje não pode ser pensada como uma crise do vínculo social que repercute na perda de identidade das populações mais desfavorecidas; ao contrário, pensamos que se trata de uma crise de um modo de acumulação capitalista (que implica importantes mudanças na sociedade em seu conjunto) e que questiona a forma de participação da imensa maioria da humanidade. Continua, no entanto, a existir uma identidade comum de classe que se constitui num terreno fértil para organizar a luta dos setores mais desfavorecidos.

O Estado, que até então era uma das principais instituições reguladoras desse processo, também sofre transformações relevantes. Uma das mudanças mais importantes refere-se ao encolhimento da ação reguladora do Estado na esfera do social; mas isso não implica uma ruptura com o "Estado intervencionista". A ideia de desregulação faz parte do próprio corpo ideológico do neoliberalismo, colocando e redefinindo os papéis (do mercado, do Estado, do capital e do trabalho). É um Estado que desregula, regulando de uma outra forma, como diz Netto (1993), é um Estado mínimo para o social e máximo para o capital.

No mesmo sentido, Fiori entende que nas formulações e documentos neoliberais, produzidos pelos organismos multilaterais, é frequente que apareça "a defesa da neces-

---

até agora, não se imbricaram instâncias políticas capazes de articular e universalizar a pluralidade de interesses e motivações que os enfibram, seu potencial emancipatório vê-se frequentemente comprometido" (ibidem.).

sidade da intervenção pública naquelas áreas de interesse coletivo que não sejam rentáveis para os capitais privados ou mesmo onde se manifestem situações de extraordinária carência social. Neste sentido, portanto, a simples defesa de políticas sociais compensatórias não chega a caracterizar a inexistência de posição neoliberal" (1997, p. 213).

No centro da proposta neoliberal, encontra-se a ideia de que *é necessário limitar a intervenção do Estado* (em geral e especificamente na esfera econômica) alertando que, caso contrário, estar-se-ia destruindo a liberdade dos indivíduos. Ao mesmo tempo, alega-se que a redistribuição que se pretende atingir com a participação governamental no mundo privado (como no caso do *welfare state*) é ineficaz e produz efeitos contrários aos desejados, criando desigualdades onde supostamente se pretendia obter uma maior equidade. Concebendo as desigualdades sociais como "diferenças naturais", os neoliberais entendem que a intervenção no mercado (por parte do governo), com o fim de reduzir as desigualdades das posições materiais, só poderá levar a desigualdades e à arbitrariedade, já que implicaria um tratamento desigual de indivíduos iguais perante a lei.

Para os pensadores neoliberais só com a existência de um Estado mínimo é que poderão ser protegidas tanto a igualdade de oportunidade quanto a liberdade dos indivíduos. Dessa forma, concluem que um governo legítimo tem duas únicas funções a desenvolver: prover uma estrutura para o mercado (assegurando ampla liberdade de movimento ao capital e às mercadorias) e oferecer serviços que o mercado não pode fornecer.[14]

---

14. Ver Hayek (1985, II, p. 100-5) quando analisa as consequências da intervenção do Estado nas sociedades que ele chama de "livre mercado".

Lembremos que é o Estado de bem-estar aquele que o neoliberalismo pretende limitar. A proposta neoliberal aponta para o fim do "Estado interventor", para a redução do gasto público destinado às políticas sociais, para a desregulação das condições de trabalho, para o controle cada vez maior do capital sobre o trabalho; reservando a participação do Estado para salvaguardar a propriedade e as "liberdades", intervindo naqueles âmbitos nos quais o mercado não pode ou não quer (por não ser atrativo, do ponto de vista da lucratividade) dar resposta.

Vemos assim que a proposta neoliberal aponta como solução o desmonte do *welfare state* e do Estado de bem-estar social, promovendo o Estado mínimo. Isto implica uma redução dos *direitos sociais*, das políticas sociais e, se for necessário, dos *direitos políticos*, tudo em nome dos *direitos civis* (principalmente o direito à propriedade privada). Conclui-se, dessa forma, que é necessário destruir o "Estado intervencionista", aquele Estado que coarta as "liberdades" dos indivíduos, que contradiz o processo autorregulador do mercado. Assim, numa sociedade de "livre" mercado, o conceito de justiça social seria vazio de significado, já que o justo é a liberdade dos indivíduos, liberdade de ação, de opção, de negociação. Concluindo: para os neoliberais, só na sociedade de livre mercado os indivíduos podem se desenvolver plenamente, optar sobre o que fazer e o que não fazer, sem que exista uma autoridade (Estado) que lhes imponha o que deve ser feito.

Dessa forma, os trabalhadores e os capitalistas, para esses pensadores neoliberais, apresentam-se como indivíduos isolados que se movimentam natural e livremente no mercado, e em igualdade de condições perante a lei. Mas essas "liberdade" e igualdade de todos (no entender de Hayek) são puramente formais. O autor, na verdade, está falando de uma igualdade dos indivíduos perante a lei, mas na prática esses indivíduos supostamente iguais não têm acesso igualitário às oportunidades.

Tomando como referência os elementos desenvolvidos até aqui, podemos afirmar que a procurada novidade, pensada como acontecimento que marca um ponto de ruptura com o suposto velho ordenamento social capitalista, não se faz presente na realidade contemporânea. A globalização e o desenvolvimento tecnológico são dois traços inerentes ao capitalismo, embora a globalização financeira possa ser considerada um elemento peculiar e característico das últimas décadas nas sociedades capitalistas. Como diz Vega Cantor, "isto indica que estamos assistindo ao fechamento de um ciclo da luta de classes e à emergência de outro novo, onde mudam radicalmente as condições, mas isso não implica nem o fim das classes, nem de suas lutas. Perante as novas condições impostas pela mundialização do capital, as formas tradicionais de luta das classes subalternas — como os sindicatos e partidos nacionais — têm começado um processo de deterioração (...) já que as novas condições que geram a mundialização supõem pensar novas formas de luta, onde participem os atores clássicos e os novos atores (...) os trabalhadores diretamente vinculados à produção e os que se desenvolvem na circulação e no consumo" (Vega Cantor, 1999, p. 22).

Isso no entanto não nos deve levar a pensar que estamos frente à presença de "novos atores" sociais, até cometendo o excesso de fazer desaparecer as classes da análise social, apoiados na ideia equivocada de que vivemos hoje numa sociedade pós-industrial e até pós-trabalho. Pior ainda é querer aplicar essas análises, que têm como objeto de estudo as sociedades europeias, às sociedades latino-americanas, onde a experiência do *welfare state* foi (onde existiu) muito limitada e onde o desenvolvimento tardio do capitalismo mostrou-se desde sua gênese incapaz de incorporar amplo contingente da população, criando o grave problema do desemprego estrutural, das crescentes desigualdades sociais e da pobreza, traços que caracterizam a modernização capitalista nos nossos países.

Todas essas transformações ocorridas desde o final dos anos 1970 na economia mundial trouxeram importantes problemas de natureza fiscal e financeira para os países do centro da economia capitalista. Nesse contexto, tende-se a responsabilizar os *welfare states* pelos desequilíbrios econômicos (e também políticos) que vivem essas sociedades, transformando, dessa forma, os programas sociais em um dos alvos principais para reduzir os gastos dos Estados.

É abrangente a produção teórica internacional sobre as diferentes experiências dos sistemas de proteção social, assim como também é variada a literatura dedicada a elaborar tipologias que permitam realizar análises comparativas dos diferentes *welfare states*. Tampouco faltam estudos dedicados a refletir sobre a chamada crise do *welfare state* e as tendências contemporâneas dos sistemas de proteção social, tanto nos países centrais quanto nos latino-americanos.[15]

---

15. Para aprofundar essa análise, pode se conferir, entre outros muitos: Esping-Andersen: *O futuro do Welfare State na nova ordem mundial*; Titmuss: *Essays on the Welfare State*; Draibe: *O Welfare State no Brasil*: características e perspectivas, *As políticas sociais brasileiras*: diagnóstico e perspectivas; Draibe e Henrique: *Welfare State, crise e gestão da crise*: um balanço da literatura internacional; Fleury:

Tudo isso nos conduz a concluir que:

1) não é possível falar de *welfare state* no singular, existem e existiram diferentes modelos nos países centrais;

2) não seria pertinente afirmar que o *welfare state*, na maior parte desses países, tenha sido desmontado; é necessário ter presente as dificuldades enfrentadas pelos governos para vencer as resistências dos trabalhadores e dos setores populares;

3) embora heterogêneas, podemos destacar que existe um denominador comum entre a maior parte das iniciativas que buscam enfrentar os grandes problemas sociais nesses países — esse traço comum seriam as "políticas sociais de nova geração",[16] ou as "novas políticas sociais".

As transformações globais têm impactos diferenciados nos países do centro capitalista e naqueles que ocupam um lugar periférico. Tendo em consideração as especificidades sociais, políticas, econômicas e culturais dos diferentes países latino-americanos, concordamos com Possas (1988) quando afirma que é inadequada a referência às tipologias desenvolvidas a partir de sociedades com um alto grau de maturidade social e política.

---

*Estado sem cidadãos* — seguridade social na América Latina; Werneck Vianna e Azeredo da Silva: *Interpretação e avaliação da política social no Brasil*: uma bibliografia comentada.

16. Draibe (1986) dirá que as políticas sociais da nova geração devem ter como objetivo a equidade e a consolidação democrática, atendendo ao conjunto das necessidades sociais e ambientais nos termos do desenvolvimento humano sustentável.

## Capítulo 2

## A perda de processualidade nas análises da "nova questão social"

Tomando como ponto de partida a premissa de que a "questão social" contemporânea apresenta novas determinações em relação às que existiam anteriormente, afirmamos que as mudanças vividas nas últimas décadas relacionam-se com as condições impostas pela "globalização" financeira.[1] Essa novidade na economia capitalista não pode nos levar a ocultar os traços e elementos que perduram ao longo do tempo, da mesma forma que estes não podem minimizar a novidade. Trata-se de um processo dialético de conservação e superação, de continuidade e renovação.

---

1. "O fenômeno da globalização financeira teve origem na ruptura do padrão monetário dólar-ouro (sistema de Bretton Woods) que foi o passo prévio que possibilitou a flutuação cambial e a mobilidade internacional do capital financeiro em volumes até então desconhecidos. Este processo foi acelerado por um conjunto de políticas deliberadas dos EUA, a partir da forte reversão da liquidez internacional em sua direção, iniciada em fins de 1979 como resultado da 'diplomacia do dólar'" (Tavares e Melin, 1998, p. 43).

A ideia de uma nova consciência do tempo, tipicamente moderna, nos ilumina para desamarrar esse nó e nos permite romper com o dualismo antigo/novo, já que a forma de se estruturar a consciência do tempo, que refere a uma relação entre passado, presente e futuro, dará lugar a uma concepção de história aberta ao futuro, de evolução histórica. Assim, rompendo com a antiga concepção de mundo fechado, passa-se a distinguir o passado, o presente e o futuro, que ao mesmo tempo encontram-se inter-relacionados entre si.[2]

Em muitos dos estudos sobre a "questão social" a originalidade não se faz presente, embora exista uma referência a uma "nova questão social" que decorreria do movimento natural de transformações sociais mais abrangentes. Nossos esforços se concentram aqui em indicar alguns elementos que nos permitem analisar a "questão social" contemporânea a partir de uma outra lógica, com a intencionalidade de capturar a processualidade dessa problemática, recuperando o processo de conservação e renovação.

A realidade muda permanentemente, por isso capturar seu movimento e a historicidade dos processos sociais implica conhecer as múltiplas determinações e relações dessa totalidade viva, dinâmica e contraditória. Não se trata, simplesmente, da descoberta do novo, a novidade em si própria

---

2. Callinicos dirá que "esta orientação ao futuro pressupõe a formulação de aquilo que Hans Blumenberg denomina 'o conceito de realidade de contexto aberto' desenvolvido de maneira especial pelos pensadores da revolução científica do século XVII, que por seu intermédio, romperam com a concepção antiga e medieval de um mundo fechado e finito. Segundo Blumenberg, o 'conceito de realidade' da filosofia moderna, ou seja, pós-renascentista, 'legitima a qualidade do novo, do surpreendente e desconhecido, tanto na teoria quanto na estética'" (Callinicos, 1993, p. 71).

não diz muito, já que ela está destinada a se transformar novamente. Por isso, entendemos que além da novidade é imprescindível conhecer aqueles traços que permanecem no percurso do devir histórico; ou seja, trata-se de desvendar de que forma o passado está presente mas, ao mesmo tempo, projetado para o futuro aberto.

Essa consciência do tempo tipicamente moderna que, como diz Habermas, é "a consciência de uma época que se mira a si própria em relação com o passado, considerando-se resultado de uma transição do velho ao novo" (1993, p. 131), vinculada aos ideais iluministas, está condicionada pela confiança na ciência, no progresso infinito do conhecimento e no ilimitado melhoramento social e humano. Portanto a divisão entre passado, presente e futuro é histórica e não pode ser naturalizada. Essa forma de pensar o tempo é um elemento-chave para estabelecer os vínculos entre velho e novo.

Entendemos necessário questionar a divisão que se realiza entre antiga e nova "questão social", cisão que produz uma ruptura no tempo que conduz à cristalização e naturalização das categorias e da realidade; essa separação leva à exaltação do "novo", em oposição ao "antigo".

Trata-se de desvendar no mais novo aquilo que permanece, já que só pode ser novo em relação a algo (àquilo que não é novo), portanto, o mais novo deve ser explicado em relação àquilo que lhe antecede. Nesse sentido, a realidade contemporânea nos dará luz para compreender o passado, e vice-versa; as novas determinações devem ser pensadas a partir dos desdobramentos das antigas, pois só dessa forma poderemos acompanhar o movimento histórico e dialético do real.

Como indica Berman, no entanto, as mudanças aceleradas nas coordenadas de tempo e de espaço levam as pessoas a se sentirem no meio de um redemoinho, onde, ao mesmo tempo em que se prometem aventura, poder e alegria, existe a ameaça de destruição de tudo o que têm, o que sabem e o que são. É por isso que "aqueles que estão no centro do redemoinho têm o direito de sentir que são os primeiros, e até os únicos, que passam por ele: esse sentimento produziu numerosos mitos nostálgicos sobre o pré-moderno Paraíso Perdido. Mas são muitas as pessoas que o sofrem faz quinhentos anos" (Berman, 1993, p. 67).

Para compreender o movimento do real é necessário romper com os dualismos antes/agora, passado/presente, antigo/novo, fato que não implica desconhecer as especificidades de cada momento histórico e de cada contexto social; pelo contrário, dessa forma poderemos perceber as transformações sociais historicamente, sem cortes temporais fixos.

Não se trata de escrever a história da "questão social", senão de pensá-la historicamente. Isso implica entender o desenvolvimento histórico como um processo contraditório e não linear, que permita capturar a processualidade social e o movimento da realidade, deixando de fora aquelas interpretações fechadas que orientam e conduzem a esquemáticas análises, levando-nos, necessariamente, a pensar em períodos cronológicos rigidamente fixados, em que existe uma sucessão de acontecimentos históricos não inter-relacionados, em que cada momento é visto como superação do anterior. Dessa forma, o passado será entendido como uma realidade "morta" trancada nos museus, como se fosse possível escindir o presente do passado e começar cada novo momento partindo do ponto zero. Tampouco trata-se de apagar as diferenças nas formações históricas, muito pelo contrário, as diferenciações entre distintos contextos são necessárias e de máxima importância.

Queremos deixar claro que não pretendemos aqui negar o uso dos termos "antigo" e "novo" utilizados, neste caso, para fazer referência à "questão social". O problema não radica nas palavras, mas nas proposições teóricas que o uso desses conceitos contém e nas implicações políticas que acarretam (na ideia de história, de mudança, de sujeitos sociais, por exemplo).

## Rosanvallon: a dissolução do contrato salarial e a "nova questão social"

A discussão sobre a *existência de uma "nova questão social"* irrompe na Europa e nos Estados Unidos no final da década de 1970 e início dos anos 1980, quando alguns dos grandes problemas inerentes à acumulação capitalista (como desemprego, pobreza, exclusão), vistos como residuais e conjunturais, durante os "Trinta Anos Gloriosos" nos países centrais e em alguns periféricos, passam a ser percebidos como problemas que atingem um número não negligenciável de pessoas de forma permanente.

É comum depararmos com trabalhos elaborados por analistas do tema,[3] em que se faz referência a uma "nova

---

3. A discussão brasileira sobre a "questão social", o surgimento de uma "nova questão social" e as possíveis alternativas para resolvê-la encontra-se fortemente

questão social" que dataria da segunda metade do século XX, caracterizada, como já falamos, por uma série de novos problemas (novas formas de pobreza e nova exclusão social) ou antigos problemas superdimensionados (desemprego, vulnerabilidade), que estariam indicando uma ruptura com o período do capitalismo industrial e com a "questão social" que teve sua emergência em meados do século XIX.

Nos estudos realizados por Rosanvallon, a ênfase é colocada na diferença entre a nova e a velha "questão social", insistindo em evidenciar que as novidades que a época "pós-industrial" traz implicam ruptura e superação da antiga sociedade capitalista industrial e dos principais problemas que dela decorrem. Aí estaria claramente demarcada a quebra entre o antes e o agora da "questão social" e da formação socioeconômica.

Rosanvallon inicia seu livro *A nova questão social* explicitando que "desde o início dos anos oitenta, o crescimento do desemprego e o aparecimento de novas formas de pobreza parecem, de forma contrária, levar-nos tempo atrás. Mas ao mesmo tempo, vê-se claramente que não se trata de um simples retorno aos problemas do passado. Os fenômenos atuais de exclusão não remetem às antigas categorias da exploração. Assim surge uma nova questão social" (1995, p. 7).

Segundo esse autor, tais problemas tornaram-se, a partir dos anos 1980, estados permanentes e, como tais, as

---

influenciada pelo debate europeu, sobretudo pelas elaborações francesas. Neste livro tomamos como principal referência as obras de Rosanvallon (1995 e 1995a) e Castel (1998), concernentes à "questão social".

respostas dadas a eles (utilizando os velhos métodos de gestão do social, como fala o autor) não podem continuar a ser pensadas em função do risco coletivo e da solidariedade como anteriormente.

Para Rosanvallon, o Estado-providência atravessa hoje uma crise de ordem filosófica,[4] que acompanharia o surgimento de uma "nova questão social", colocando em dúvida os princípios organizadores da solidariedade e a concepção tradicional dos direitos sociais.

Reconstruindo a história das "técnicas" dos seguros, do século XVII ao XX, o autor conclui que elas apresentam-se hoje como "pouco adaptadas" às atuais problemáticas, quando a exclusão e o desemprego de longa duração definem situações estáveis e não mais passageiras; dessa forma, o conceito central hoje não seria mais o risco futuro e sim a precariedade e a vulnerabilidade dos indivíduos (cf. Rosanvallon, 1995, p. 28-9). Essa precarização e vulnerabilidade estariam incidindo na perda da capacidade contributiva dos trabalhadores, que, juntamente com a crise da organização sindical, colocaria em xeque esse modelo que se estruturava em torno do risco coletivo.

Dessa forma, o autor considera que os modelos de Estado-providência bismarckiano e beveridgeano devem

---

4. Rosanvallon dirá que existem três etapas na crise do Estado-providência: a) a financeira, que dataria dos anos 1970, b) a ideológica, presente nos anos 1980, c) a filosófica, que ter-se-ia iniciado na década de 1990. Por outro lado, o autor afirma que ainda não tomamos consciência dessa nova crise que acompanha o surgimento de uma nova "questão social", que traz como principais problemas: a desintegração dos princípios de solidariedade e o fracasso da concepção tradicional de direitos sociais (marco para pensar a situação dos excluídos) (Rosanvallon, 1995, p. 8-10).

ser retomados,[5] mas que é necessário refundar o princípio da solidariedade para que eles subsistam. Isso requer uma redefinição política e filosófica do contrato social sobre o qual se funda o Estado-providência (idem, p. 49-50). Assim, segundo o autor, colocam-se duas questões difíceis de resolver. A primeira é de ordem filosófica: sobre que princípio de justiça fundar o Estado-providência, já que não é mais possível se contentar com uma mera mutualização dos riscos sociais? E a segunda, de aparência mais técnica: a passagem ou o retorno a um sistema de essência mais cívica não implicaria passar de um financiamento fundado em aportes e contribuições sociais, para um financiamento através de impostos? (idem, p. 53-61). Segundo ele, a solução para ambos os problemas vincula-se ao estabelecimento do que é justo e equitativo.

Rosanvallon entenderá que sempre que os direitos sociais sejam apreendidos em termos jurídicos tradicionais, de acesso automático e incondicional aos subsídios, toda individualização constituirá um retrocesso (idem, p. 209). Mas "no modelo de direito processual, a equidade significa o igual direito a um tratamento equivalente (...) [que permite] enriquecer e reinventar a ideia de igualdade de oportunidades. A equidade das oportunidades não consiste só

---

5. Segundo o autor, o Estado bismarckiano (modelo que se funda sobre o mecanismo dos seguros sociais e que vincula os benefícios aos aportes e contribuições) está desabando, mas isso não significa o triunfo do modelo beveridgeano (que outorga benefícios e serviços uniformes a todos os integrantes da coletividade). O Estado-providência ativo deve se basear num novo princípio de solidariedade, construído a partir do sentimento cívico (intimamente vinculado à identidade cultural da sociedade) "entendido como sentimento de pertencimento a um mundo comum. O que falta não é só a mobilização, é também seu substrato, ou seja, a nação" (Rosanvallon, 1995, p. 73).

em compensar no ponto de partida as desigualdades da natureza ou as disparidades de fortuna: aponta para dar, permanentemente, os meios para melhorar a existência; seu objetivo consiste em dar aos indivíduos os meios para fazer frente a todos os azares que não são da ordem classicamente asseguradora (acontecimentos familiares, problemas pessoais, rupturas profissionais reiteradas, etc.)" (Rosanvallon, 1995, p. 210).

Nesse sentido, dirá que as políticas universais estão ultrapassadas, portanto o Estado deve assumir a forma de Estado-providência ativo, produtor de "civismo", vinculado ao desenvolvimento da cidadania. O mesmo autor, numa obra anterior intitulada *A crise do Estado-providência*, dirá que para superar a crise do Estado-providência tradicional é necessário buscar uma alternativa à estatização/privatização (soluções tradicionalmente colocadas), mas para isso seria necessário redefinir as fronteiras e as relações entre o Estado e a sociedade. Nessa perspectiva afirma que

> não pode haver uma única forma de futuro para o Estado-providência, ela será necessariamente plural. O que é preciso tirar de nossas cabeças é a ideia de que o serviço coletivo = Estado = não-mercantil = igualdade, e que os serviços privados = mercado = lucro = desigualdade. O *futuro do Estado-providência passa pela definição de uma nova combinatória desses diferentes elementos.* Trata-se de substituir a lógica unívoca da estatização por uma tríplice dinâmica articulada da *socialização,* da *descentralização* e da *autonomização:*
>
> — Desburocratizar e racionalizar a gestão dos grandes equipamentos e funções coletivas: é a via de uma *socialização* mais flexível (...)

A CATEGORIA "QUESTÃO SOCIAL" EM DEBATE 61

— Remodelar e preparar certos serviços públicos para torná-los mais próximos dos usuários: é a via da *descentralização*.

Visa colocar as tarefas e as responsabilidades das coletividades locais nos domínios sociais e culturais.

— Transferir para coletividades não públicas (associações, fundações, agrupamentos diversos) tarefas de serviços públicos: é a via da *autonomização* (Rosanvallon, 1997, p. 85-6).[6]

Entende que a substituição da lógica da estatização por essa tríplice dinâmica só terá sentido se for inserida num movimento conjunto integrado pela redução da demanda ao Estado,[7] pela produção de uma maior visibilidade social[8] e pela reinserção da solidariedade na sociedade.[9]

---

6. Seria interessante realizar uma análise comparativa dessa alternativa proposta por Rosanvallon para enfrentar a crise do Estado-providência, com a reforma do Estado que vem sendo implementada no Brasil desde finais dos anos 1980, que coloca também a necessidade de repensar as relações e fronteiras entre o Estado e a sociedade civil definindo alguns processos fundamentais para essas tarefas, como por exemplo: a publicização, a descentralização e a terceirização, além da já conhecida privatização.

7. Segundo o autor, isso seria viável fomentando a criação de espaços alternativos (ao mercado e ao Estado) de satisfação das necessidades; dessa forma seria possível romper com a suposta rigidez do Estado-providência tradicional e desenvolver espaços de troca e de solidariedade na sociedade civil (1997, p. 86-90).

8. Visibilidade que para Rosanvallon consistiria em tornar menos opaco o movimento da sociedade, transformando o social mais compreensível, a sociedade mais visível a si mesma, como forma de permitir a formação de relações de solidariedade mais reais. Lembra o autor que essa solidariedade, seja institucional (através do Estado-providência), seja com o próximo (nas redes de "próximos", redes locais como de vizinhança, de prestação recíproca de serviços etc.), deve ter uma dimensão voluntária (idem, p. 93-7).

9. Para isso será necessário aproximar a sociedade de si mesma, torná-la mais densa, reinserir os indivíduos nas redes de solidariedade diretas (idem, p. 90-3).

Entendemos que essa tríplice dinâmica proposta por Rosanvallon, e detalhada nas notas precedentes, articula-se coerentemente com a proposta de fomento do

Mas também, para o mesmo autor, "para ser justo, o Estado-providência não pode ser unicamente um distribuidor de subsídios e um administrador de regras universais. Deve se converter num Estado de serviço. A meta consiste em dar a cada um os meios específicos para modificar o curso de uma vida, para superar uma ruptura, para prever um problema" (Rosanvallon, 1995, p. 209-10).

Dessa forma, vemos como o autor encontra uma alternativa ao debate áspero entre equidade e igualdade; entendendo que "o que necessitamos hoje é um enfoque da justiça 'sob a luz do conhecimento' das diferenças entre os homens" (idem, p. 57), que implicará uma solidariedade fundada nas ajudas diferenciadas aos novos sujeitos das ações (indivíduos e não mais as classes). E acrescenta que "sendo mais individualizados, os direitos sociais podem ser compreendidos de uma outra forma e ampliar-se" (idem, p. 210).

Essa alternativa pensada por Rosanvallon, centrada no Estado-providência ativo, poderia chegar a constituir uma justificação e sistematização do processo de individualização, entendido que o Estado-providência estaria cada vez menos vinculado às classes sociais, às populações homogêneas, aos grupos sociais e, ao contrário, cada vez mais relacionado aos indivíduos particulares. Ele pensa que a equidade deve ser garantida pelo Estado-providência ativo e que isso só será possível se essa instituição tiver um tratamento diferenciado para com os distintos setores da sociedade.

Segundo o autor em análise, que parte da ideia que é necessário uma "justiça com equidade", o justo seria dar a

---

"terceiro setor" e, em decorrência, com a busca de desresponsabilizar o Estado do processo de garantia dos direitos de cidadania.

cada um os meios específicos para modificar o curso da sua vida, como forma de superar (ou evitar) uma ruptura e prever um problema, mas isso sem questionar a ordem estabelecida. Isso implicaria uma melhor distribuição, ou uma distribuição menos inequitativa, mas sempre atuando na esfera da redistribuição, pensando a intervenção estatal como instrumento de coesão social.

Dessa forma o autor naturaliza as mudanças ocorridas no mundo da produção, entendido como regulado por leis invariáveis, semelhantes às leis que regem os fenômenos naturais. Assim a esfera da produção é vista como "fechada em leis naturais, eternas, independentes da história, aproveitando a ocasião para insinuar sub-repticiamente que as relações *burguesas* são leis naturais imutáveis da sociedade concebida *in abstrato* (...) Na distribuição pelo contrário, os homens permitir-se-iam agir com muita arbitrariedade" (Marx, 1977, p. 205).

Nesse sentido, entendemos que Rosanvallon, sem questionar a lógica da sociedade capitalista, preocupa-se em pensar uma solução (à sombra do Estado capitalista) para a crise do Estado-providência e para o problema da exclusão[10] (principal indício da existência de uma "nova questão social"). Essa solução não poderia passar mais pelo *welfare state* (baseado nos velhos métodos de gestão social que permitiram, desde inícios dos anos 1950 até final dos anos 1970, vencer a insegurança social e controlar o risco social);

---

10. Como diz José de Souza Martins, "o discurso sobre a exclusão social é o discurso dos integrados, dos que aderiram ao sistema, tanto à economia quanto aos valores que lhe correspondem. Dificilmente se pode ver nele um discurso anticapitalista, embora ele, certamente, seja um discurso socialmente crítico" (2002, p. 31).

seria então necessário pensar na construção de um Estado-providência ativo vinculado ao desenvolvimento de uma nova cidadania social baseada no sentimento cívico da solidariedade. Dessa forma, segundo o autor, será possível prever um problema e superar os riscos de uma ruptura da própria sociedade capitalista; coloca-se assim a grande preocupação desse pensador em manter e não em transformar as relações sociais existentes.

Entendemos que falar de justiça implica fazer referência ao bem comum baseado nos princípios de liberdade (negativa), igualdade (formal, referida principalmente à lei) e no princípio da diferença.

Essa relação entre justiça e equidade não remete à distribuição original (momento em que se definem as diferenças entre as classes sociais); apoia-se, ao contrário, na naturalização das classes e das desigualdades. É por isso que uma tal redistribuição social busca beneficiar aqueles mais desfavorecidos na sociedade, contribuindo para melhorar sua situação, sem que isso implique piores condições para outros. Vemos assim que o princípio da liberdade (sempre pensada aqui como negativa) é o eixo norteador dessas análises.

O Estado (pensado prioritariamente como entidade que paira acima das classes) seria o responsável de garantir o suposto "bem comum". Mas falar de "bem comum" (conjunto de princípios comuns a um conjunto de seres racionais em situação de igualdade) implicaria pensar que nenhum membro da sociedade poderia estar excluído, ou seja, estar-se-ia fazendo referência a todos e cada um dos homens, pensados como um conjunto homogêneo, onde não existiriam diferenças de nenhum tipo. Por isso entendemos que a ideia de "bem comum" é o símbolo do impossível, da utopia. O "bem comum" não é uma realidade em si, é uma ideia construída socialmente, em que cada sociedade determina seu conteúdo com o objetivo de permitir o bom funcionamento social.

Pensando na sociedade capitalista, que é a sociedade analisada por Rosanvallon, perguntamo-nos: em que consistiria a justiça? Será possível um salário justo ou uma exploração justa?

Temos sérias dúvidas de que o "Estado-providência ativo" proposto pelo autor seja capaz de "exercer justiça" através do conhecimento das diferenças entre os homens e dando a eles um tratamento diferenciado. O problema das desigualdades capitalistas não radica aí, senão na desigual distribuição da riqueza acumulada pelo sistema produtivo, cuja origem é a exploração dos trabalhadores e a concentração dos meios de produção nas mãos da classe capitalista. Por isso, o problema não pode ser resolvido nas suas margens: no momento da redistribuição.

Aqui se nos apresenta a mesma dúvida que a Jamur: com uma tal individualização do social "não é possível perceber em que medida essa via se distingue das concepções do passado que ocultavam as dimensões efetivamente sociais da produção da exclusão e se isso não significaria a possibilidade de se voltar às práticas de controle do comportamento dos pobres-assistidos, tidos como responsáveis pela sua pobreza" (1997, p. 191).

Pensando no capitalismo cada vez mais globalizado e impregnado pela ideologia neoliberal, acompanhado pelo fomento e defesa do individualismo, em detrimento de ações coletivas, perguntamo-nos: onde caberia esse novo Estado protetor? E considerando as políticas sociais e os princípios que as orientam hoje, a diminuição do gasto social público, a debilitação dos sindicatos etc., a quem, na prática, iria esse Estado proteger?

Podemos afirmar que, na melhor das hipóteses, seria um excesso de otimismo pensar as políticas de inserção (por exemplo, os programas de renda mínima) como fonte de uma "nova cidadania", já que a cidadania não se sustenta em "inutilidade social", no assistencialismo[11] nem nas práticas solidaristas e voluntárias. Ao mesmo tempo, entendemos que, no estágio atual do capitalismo, comandado pelo projeto neoliberal, seria impensável a inclusão de todos, nem como trabalhadores, nem mesmo como beneficiários das políticas sociais, pois a inserção de todos colide com a lógica do próprio sistema capitalista. Além do mais, os programas de inserção que estão sendo implementados em muitos países encontram-se impregnados pela ideia de que o "inserido" deve pagar pela sua inserção; se não pode ser pelo trabalho, deve fazê-lo de outra forma (com ações solidárias, submissão, agradecimento, lealdade etc.).

## Castel: a genealogia da "questão social"

Por sua vez, na tentativa de romper com essa lógica dualista (antiga/nova "questão social"), outros autores pen-

---

11. Castel (1998), criticando essa ideia, dirá que, dessa forma, se corre o risco de cair nas antigas soluções (embora com uma nova face), ou seja, numa neofilantropia, o que significaria um retrocesso histórico.

sam que a *"questão social" sempre existiu*. Aqui tomaremos como principal referência a Castel (1995 e 1998), autor francês que também influencia de forma intensa o debate brasileiro.

Segundo Castel, a "questão social" poderia ser definida como "uma aporia fundamental sobre a qual uma sociedade experimenta o enigma de sua coesão e tenta conjurar o risco de sua fratura. Ela é um desafio que interroga, põe em questão a capacidade de uma sociedade (o que em termos políticos se chama de nação) de existir como um conjunto ligado de relações de interdependência" (Castel, 1998, p. 30).

Podemos afirmar que, embora sendo uma definição abstrata e geral, ser-lhe-ão incorporadas, no decorrer do texto, novas dimensões que permitirão ter uma visão mais acabada do que o autor pensa em relação a essa questão. Ele entenderá que é necessário rastrear a odisseia do salariado[12] como forma de compreender as principais transformações sofridas pela "questão social" nos dias de hoje; e será esse o caminho percorrido no seu livro *Metamorfoses da questão social. Uma crônica do salariado*.[13]

---

12. Castel entende que a sociedade salarial "não é somente uma sociedade na qual a maioria da população é assalariada, ainda que seja verdade. (...) Mas, uma sociedade na qual a maioria dos sujeitos sociais tem sua inserção social relacionada ao lugar que ocupa no salariado, ou seja, não somente sua renda mas, também, seu *status*, sua proteção, sua identidade" (in Wanderley, 1997, p. 169).

13. Há aqui um elemento que marca uma importante diferença entre Rosanvallon e Castel. Enquanto o primeiro insiste nas diferenças entre o antigo e o novo na "questão social", e se preocupa em tornar evidentes as novidades, Castel tenta mostrar que uma tal separação dicotômica não existiria realmente. Embora concordemos com Castel em que não se trata de fazer uma separação dualística entre o antes e o agora, ou entre o antigo e o novo, entendemos que tampouco se trata

Partindo da ideia de que a "questão social" foi se redefinindo e metamorfoseando com o passar do tempo, ele se interessa em analisar o que há de diferente e de comum nas heterogêneas situações de vulnerabilidade social, desde o século XIV até chegar à sociedade do século XX. Para tanto realiza uma exaustiva análise do processo de desconversão da sociedade feudal, iniciando seu estudo pela sociedade cadastrada, passando pela indigna condição do assalariado até chegar à modernidade liberal. A partir daí Castel concentrará sua atenção na sociedade salarial e no surgimento do pauperismo entendido como um estado novo (tanto pelas suas causas quanto por seu caráter) gerado, não pela falta de trabalho, mas pela nova organização do próprio trabalho. Segundo o autor, na sociedade salarial há três situações diferentes que indicam formas de cristalização das relações de trabalho na sociedade industrial, a saber: a condição proletária, a condição operária e, finalmente, a condição salarial.[14]

No início do seu trabalho, Castel dirá que "a palavra 'metamorfose' não é, pois, uma metáfora empregada para

---

de fazer uma crônica ou uma narrativa cronológica da evolução da "questão social", já que, de uma forma ou de outra, estaremos perdendo a processualidade e as contradições imanentes ao movimento da realidade.

14. A *condição proletária* era uma situação de quase exclusão do corpo social, o proletário era uma peça fundamental no processo de industrialização, mas estava condenado a trabalhar para obter a sua reprodução. Já a *condição operária* diz respeito a uma nova relação salarial em que o salário deixa de ser uma retribuição pontual por uma tarefa e passa a assegurar direitos e permite a participação ampliada na vida social. Por sua vez, a *condição salarial* caracteriza-se pela subordinação do assalariado operário; dessa forma, segundo Castel, a classe operária, perdendo sua posição de ponta (centralidade), perdeu também seu papel revolucionário, passando a existir uma "redistribuição da conflictividade" (cf. Castel, 1998, p. 325-36).

sugerir que a perenidade da substância permanece sob a mudança de seus atributos. Ao contrário: uma metamorfose faz as certezas tremerem e recompõe toda a paisagem social. Entretanto, ainda que fundamentais, as grandes mudanças não representam inovações absolutas quando se inscrevem no quadro de uma mesma problematização" (Castel, 1998, p. 28).

Dessa forma, afirmará que as profundas metamorfoses da "questão social" indicam a presença de uma "nova problemática (...), mas não outra problematização" (Castel, 1998, p. 33). Complementando dirá: "entendo por problematização a existência de um feixe unificado de questões (cujas características comuns devem ser definidas) que emergiram num dado momento (que é preciso datar), que se reformularam várias vezes através das crises, integrando dados novos (é necessário periodizar essas transformações) e que hoje ainda estão vivas" (idem, p. 29).

É por isso que o autor, apoiando-se numa perspectiva diacrônica, realiza um estudo sobre o estatuto da precariedade e dos meios empregados para enfrentá-la. Dessa forma, remonta-se às sociedades do Antigo Regime, por entender que essa "problematização" (que diz respeito à coesão e aos riscos da decomposição do vínculo social) emerge com clareza na metade do século XIV, e que se expressa com a problemática da vagabundagem e da indigência, como uma "questão social assistencial".

Entendendo que a "questão social" reformula-se através das crises, e sem colocar o surgimento do capitalismo como um dado que indica uma ruptura nesse continuum de problemas sociais — que sempre existiram — em constante transformação, Castel indica que no século XIX faz aparição a "questão social operária", que, embora não repetindo as mesmas problemáticas das sociedades do Antigo Regime, atua sobre essa base e modula sua transformação, integrando novos dados. Nos seus vários trabalhos, Castel preocupa-se em mostrar que a "questão social" propriamente dita tem sua emergência no século XIX com o processo de industrialização crescente e as consequências que dele decorrem. Apesar disso, entende que hoje estamos diante de uma nova (versão da) "questão social" que, desde sua origem, há mais de um século, vem-se apresentando sob diferentes formulações, versões, recolocando-se e recompondo-se constantemente. Por isso, Castel afirma que "o problema atual não é apenas o da constituição de uma 'periferia precária', mas também o da 'desestabilização dos estáveis' (...) O processo de precarização percorre algumas das áreas de emprego estabilizadas há muito tempo. Novo crescimento dessa vulnerabilidade de massa que, como se viu, havia sido lentamente afastada. Não há nada de marginal nessa dinâmica. Assim como o pauperismo do século XIX estava inserido no coração da dinâmica da primeira industrialização, também a precarização do trabalho é um processo central, comandado pelas novas exigências tecnológico-econômicas da evolução do capitalismo moderno. Realmente, há aí uma razão para levantar uma 'nova questão social' que, para espanto dos contemporâneos, tem a mesma amplitude e a mesma centralidade da questão suscitada pelo pauperismo na primeira metade do século XIX" (1998, p. 526-7).

A precarização, resultado da reestruturação internacional do capitalismo nas últimas décadas, segundo o autor, conduz a uma desestabilização dos estáveis que contribui para aumentar a vulnerabilidade social. Esse crescimento da vulnerabilidade (que seria produto da degradação das relações de trabalho e das proteções correlatas) supostamente estaria indicando a presença de uma "nova questão social". Agora não se trataria de uma questão de pauperismo, mas, sim, de precarização, uma vez que, se a zona de vulnerabilidade, que associa precariedade do trabalho e fragilidade relacional, não for controlada ou reduzida, continuará alimentando a desfiliação — tal como vem fazendo desde a década de 1970, e colocando em risco a coesão social.

Para medir o grau de coesão, Castel propõe um modelo que tem como ponto de partida a ideia de que existe uma forte relação entre a integração pelo trabalho (emprego estável, emprego precário, expulsão do emprego) e a participação nas redes de sociabilidade (inserção relacional forte, frágil ou isolamento). O recorte desses dois eixos circunscreve quatro zonas diferentes do espaço social: de integração, vulnerabilidade, desfiliação e assistência.[15]

O equilíbrio entre as diferentes zonas serviria como indicador para avaliar o nível de coesão social de uma dada sociedade; por isso, entenderá que a zona de vulnerabilidade ocupa uma posição estratégica, já que, controlada ou

---

15. "Esquematizando: estar dentro da *zona de integração* significa dispor de garantia de trabalho permanente e capacidade de mobilizar suportes relacionais sólidos; a *zona de vulnerabilidade* associa precariedade do trabalho e fragilidade relacional; a *zona de desfiliação* conjuga ausência de trabalho e isolamento social" (Castel, 1993, p. 30). A quarta zona, a que em alguns momentos o autor faz referência, não se encontra claramente definida, mas pode ser entendida como uma área associada ao não-trabalho "por incapacidade de trabalhar" e forte coeficiente de inserção social. Como diz Castel, "*a zona de assistência*, ou seja, da dependência segurada e integrada, [é] diferente ao mesmo tempo da zona de integração autônoma pelo trabalho e da zona de exclusão pelo não-trabalho e pela não-inserção (desfiliação)" (idem, p. 31).

reduzida, permite a estabilidade, mas, aberta e em expansão, alimenta as contradições colocando em risco a estabilidade e a coesão social.

Embora o autor reconheça que as transformações do trabalho são resultado da reestruturação internacional do capitalismo nas últimas décadas, centra sua atenção na coesão social. Dessa forma, destaca, entre um grande número de problemas por meio dos quais se evidencia a crise: o desemprego de longa duração, a flexibilização dos empregos, a criação de supranumerários, a crescente pobreza, a precarização das condições de trabalho e a desproteção social. São essas mudanças na condição salarial que marcam (segundo Castel) uma ruptura na trajetória do salariado e servem de fundamento para que o autor se refira à existência de uma "nova questão social".

Falando especificamente da "questão social", ele dirá que hoje consistiria novamente "na existência de 'inúteis para o mundo' [capitalista], supranumerários e, em torno deles, de uma nebulosa de situações marcadas pela instabilidade e pela incerteza do amanhã que atestam o crescimento de uma vulnerabilidade de massa" (Castel, 1998, p. 593). Tudo isto, juntamente com a fragilidade das instâncias coletivas, não exclusivamente referidas ao mundo do trabalho, leva a um individualismo negativo crescente, caracterizado por aqueles que se encontram sem vínculos e sem apoio, privados de todo tipo de proteção e de todo reconhecimento (idem, p. 45).

Pensando numa realidade em que os indivíduos são cada vez mais excluídos dos coletivos protetores, o autor interroga-se: em que poderiam consistir as proteções numa sociedade que se torna cada vez mais uma sociedade de indivíduos e onde as antigas formas de solidariedade encontram-se na atualidade esgotadas? Na sua resposta afirma que, em todo esse processo, ninguém poderá substituir o Estado na direção das operações. Dessa forma, podemos perceber que as alternativas para salvar a sociedade salarial (e, em definitivo, a sociedade capitalista), segundo Castel, passariam por um "Estado interventor" que contribua para inventar uma outra forma de habitar o mundo, onde o trabalho não teria mais o papel de grande integrador.

Para isso, no entender do autor, é necessário produzir algumas mudanças na intervenção do Estado. A preocupação central não deve estar colocada nas políticas de integração (dirigidas a todos os "cidadãos", buscando restabelecer o equilíbrio social, homogeneizar a sociedade e diminuir as desigualdades sociais) e sim nas políticas de inserção (que obedecem a uma lógica de discriminação positiva, focalizando os programas sociais para as populações mais pobres, aqueles válidos invalidados pela conjuntura) (cf. Castel, 1998, p. 422-33).[16]

---

16. Castel entende que as políticas de inserção são válidas sempre que busquem a sua autodissolução ou desaparecimento, uma vez que transformam a clientela em sujeitos integrados. Ele critica esse tipo de políticas por entender que elas hoje não são vistas como uma etapa e sim como um estado. Ele dirá que as políticas de inserção "apresentam o mérito incontestável de não se resignar ao abandono definitivo de novas populações colocadas pela crise em situação de inutilidade social (...) [e] cujo objetivo é sua integração à sociedade. (...) [Mas os programas de inserção são] estratégias limitadas no tempo, a fim de ajudar a passar o mau momento da crise esperando a retomada de regulações melhor adaptadas ao novo cenário econômico (...) [Mas hoje] essas situações foram *instaladas* e o provisório se tornou um regime permanente" (Castel, in Wanderley, 1997, p. 24-5). Por outro lado, pensando na focalização, dirá que a tradição da ajuda social pensa a população-alvo a partir de um *déficit* (deficientes físicos,

Sintetizando, Castel entende que as antigas formas de solidariedade encontram-se hoje numa fase de esgotamento, que exige uma outra forma de intervenção estatal (que não significa menos Estado, nem mais Estado), ou seja, requer um Estado estrategista (Estado protetor), já que sem proteção social não se pode pensar em coesão social. Eis aí a preocupação durkheimiana do laço social e da integração, perspectiva de análise que não poderia ser chamada de nova nem inovadora.

Além das críticas que possam ser feitas ao autor, entendemos que de forma acertada coloca alguns elementos importantes para o estudo da realidade contemporânea. Castel preocupa-se em realizar uma detalhada e concisa análise sobre as metamorfoses da sociedade salarial, suas novas determinações e suas particularidades. Mas é necessário também pensar em que podem consistir as proteções numa sociedade que se transforma cada vez mais numa sociedade de indivíduos, atravessada pela desagregação dos princípios de solidariedade e pela crescente desresponsabilização do Estado da sua função de proteção dos direitos de cidadania. Devemos analisar a real possibilidade de sustentar um sistema baseado no conceito de solidariedade e igualdades numa sociedade capitalista comandada pelo projeto neoliberal onde cresce rapidamente a precarização, a instabilidade e o desemprego estrutural, que não são con-

---

idosos inválidos etc.) estigmatizando e isolando as "populações problemas", por isso, "tratando-se de novas populações que sofrem hoje de um *déficit* de integração, tais como os desempregados de longa duração (...) a extensão desse percurso apresenta, entretanto, um grave perigo. Ela desconhece o *perfil próprio* desses novos públicos e sua diferença irredutível em relação àquele da clientela clássica da ação social (...). Elas se tornaram *inválidas pela conjuntura*" (idem, p. 27-9).

sequências "naturais" do desenvolvimento das sociedades modernas e sim uma opção política.

Também existem autores que, tomando como referências esses estudos de Castel para pensar o caso da América Latina, dirão que a "questão social" se funda nas formas e conteúdos assimétricos assumidos pelas relações sociais (em suas variadas dimensões: econômicas, políticas, religiosas, culturais, raciais etc.) a partir do período da colonização. Ou seja, ela seria o conjunto de desigualdades e injustiças sociais que tem seu ponto de partida há 500 anos (com a descoberta e posterior colonização europeia), que, com o transcurso do tempo, foi adquirindo modalidades variadas.[17]

Entendemos que essa forma de pensar a "questão social", nas suas "variadas modalidades", possibilita a incorporação de uma visão fragmentada das lutas (pensadas nesta perspectiva como lutas das mulheres, dos negros, dos índios etc.), em que a opressão e a discriminação decorrentes das diferenças de raça, sexo, etnia etc. não estariam vinculadas à exploração capitalista, e portanto deveriam ser analisadas fora da estrutura de classe.

---

17. Por exemplo, algumas das análises de Wanderley que, tomando como ponto de partida a definição de "questão social" de Castel, sustentam que "a questão social fundante, que permanece vigente sob formas variáveis nesses 500 anos do descobrimento a nossos dias, centra-se nas extremas desigualdades e injustiças que reinam na estrutura social dos países latino-americanos, resultantes dos modos de produção e reprodução social, dos modos de desenvolvimento, que se formaram em cada sociedade nacional e na região em seu complexo". Acrescentando que "seminalmente ela vai emergir como o tema indígena e, logo após, com o tema da formação nacional, ainda que não sejam compreendidas assim pelos nossos olhos de hoje. E vai se desdobrando e se problematizando nas temáticas negra, rural, operária, da mulher" (Wanderley, 1997, p. 56-7 e 60).

## Heller e Féhér: a impossibilidade de solucionar a "questão social"

Em último lugar faremos uma rápida menção a dois autores que afirmam que a *"questão social"* sempre existirá, já que problemas sociais são permanentemente colocados na lista infinita das preocupações sociais da sociedade moderna.

Heller e Féhér, no seu livro *A condição política pós-moderna* (1998), e especificamente no capítulo dedicado à crítica da "metafísica da questão social", colocam em discussão o "mito esquerdista", que, segundo eles, se apoiaria na ideia de que existiria a possibilidade de resolver a "questão social" (na sociedade comunista).

Para levar à frente essa crítica, os autores partem dos pressupostos de que: a) determinadas problemáticas sociais tais como pobreza, fome, sofrimentos físicos, indigência, desigualdades de gênero e raça etc. são problemas milenares e b) é uma característica quase eterna que os pobres se rebelem contra os ricos.

Dessa forma, entendendo que o surgimento da sociedade capitalista não marca um ponto de inflexão no processo de desenvolvimento histórico, afirmarão que seria um equívoco defender tanto a tese que a Revolução Francesa foi o berço da "questão social" quanto a hipótese de que esta última poderia ser resolvida.

Esses autores, reduzindo a "questão social" a um variado conjunto de problemas existentes na sociedade moderna,[18]

---

18. Dentro dessa heterogênea lista de atuais problemas sociais, os autores enumeram: "o tradicional contraste entre pobreza e riqueza [que] permanece no

decorrência natural de progresso tecnológico e social, concluem, em primeiro lugar, que a lista de problemáticas sociais é muito heterogênea — e encontra-se em permanente expansão a partir da modernidade —,[19] e que, portanto, seria um contra-senso buscar "reduzir a inerente heterogeneidade dos problemas sociais à formulação homogênea da 'questão social'" (1998, p. 167). Em segundo lugar, entendem que "condicionar a solução de todos os problemas sociais a um determinado conjunto de mudanças institucionais é ou ilusório ou deliberadamente enganoso" (idem, p. 168).

Essa segunda conclusão serve de fundamento para que os autores realizem sua crítica àqueles que afirmam que a "questão social" pode ser resolvida (ou superada) pelo processo revolucionário, entendendo que dessa forma não se faz outra coisa do que forjar uma "metafísica fraudulenta da questão social",[20] entendendo que a promessa de resolução (na prática concreta) da "questão social" é falsa e carece de realismo. Mas esses autores não levam em conta que "a possível derrota do capital, em condições tais em que se suprima a escassez, determinará a superação da 'questão

---

alto de todas as listas", o desigual acesso a instituições por causa da discriminação racial e social, a discriminação étnico-religiosa, as discriminações por gênero e idade, as desigualdades entre regiões do mundo, o crescimento populacional, problemas de saúde etc. (cf. Heller & Fehér, 1998, p. 164).

19. Os autores analisados neste item afirmam que "o crescimento incessante do número, volume e dimensões dos problemas sociais é um traço inevitável da modernidade. Não podemos nem prever, após a elevação do ambientalismo à categoria de problema social publicamente reconhecido, de que áreas vão surgir novos problemas sociais. Pois parte considerável deles provém do próprio 'progresso da modernidade', das inovações, mudanças tecnológicas e sociais, que antes aceitamos sem a mais leve ideia do que iriam gerar" (idem, p. 166).

20. O termo fraudulento é utilizado aqui para denominar a promessa de uma sociedade onde estariam resolvidos os problemas sociais.

social". Isto não significa, absolutamente, a realização da Idade de Ouro: os homens e mulheres continuarão a enfrentar problemas, a indagar por que vivem e por que morrem, empenhados em encontrar sentidos para suas vidas limitadas — alguns ou muitos, se encontrarão vulnerabilizados, formas de cooperação e apoio mútuas serão requisitadas e desenvolvidas" (Netto, 2001, p. 49).

Empenhados em demonstrar a vida eterna da "questão social", afirmam que os problemas sociais não podem ser revolvidos, ou seja, para esses autores existe e existirá sempre um processo interminável de criação de questões sociais. Segundo eles, existe uma "contínua criação de questões sociais novinhas em folha, e muitíssimo diversas, e nesse processo a solução de uma velha questão social é a precondição para o nascimento de uma nova" (Heller e Féhér, 1998, p. 22). Igualando "questão social" e problema social (todos entendidos como da mesma significação e importância social, sem considerar as diferenças entre as sociedades capitalistas e não capitalistas), entenderão que, cada vez que uma "questão social" for "solucionada", cria-se ao mesmo tempo, a precondição para o nascimento de outra, e assim em diante.

Dessa forma, para Heller e Féhér só resta buscar solucionar os denominados problemas sociais (manifestações imediatas da "questão social") sem procurar mudar os fundamentos da sociedade capitalista, entrando no beco sem saída do "reformismo conservador".

Para sintetizar, reiteramos: *não se trata de negar o uso dos termos "antiga" e "nova",* referidos neste caso à "questão social", *mas de indicar algumas das implicações políticas e analíticas* que decorrem tanto das análises que buscam demonstrar a existência de uma nova "questão social" (que teria surgido na segunda metade dos anos 1980), quanto daquelas que entendem que a "questão social" sempre existiu e/ou que sempre existirá. Essas análises geralmente estão associadas às seguintes ideias:

1. *as mudanças no mundo capitalista, nas últimas décadas do século passado, marcam o "fim" da história da luta de classes, por isso o marxismo e suas explicações não poderiam mais dar conta desta "nova" realidade* (definida como pós-moderna, pós-industrial, pós-trabalho etc.);

2. *existe um denominador comum na maior parte dessas explicações sobre a "nova questão social" fundado na ideia que o "paradigma da exclusão" passou a dominar o da luta de classes e das desigualdades capitalistas;*

3. *há uma crise do "Estado de bem-estar social" (ou do* welfare state) *e de seus modos de regulação do social, que estariam indicando o esgotamento das clássicas formas de intervenção estatal;*

4. *o laço social e os riscos da fratura da coesão social são elementos da maior relevância nesses estudos.*

# Capítulo 3

# As manifestações da "questão social" na América Latina*

É importante lembrar que a década de 1980 marca o início do processo de reacomodação das relações políticas e econômicas internacionais. Nesse período a maioria dos países se reorganiza sob a égide do neoliberalismo, que estabeleceu também as estratégias específicas a seguir pelos países periféricos no enfrentamento dessa crise. Nesses países, no entanto, existem algumas particularidades que os diferenciam da realidade vivida pelos países do centro.

"As políticas de ajuste ocorridas na década de 1980, depois da crise da dívida externa de 1982, fazem parte de um movimento de ajuste global que se inicia com a crise do padrão monetário internacional e os choques do petróleo da década de 1970, ao lado do processo simultâneo de reordenamento das relações entre o centro hegemônico do capita-

---

\* Aqui faremos uma referência rápida e generalista das principais expressões da "questão social" nos países capitalistas da América Latina.

lismo e os demais países do mundo capitalista. Passa também por uma derrota política do chamado 'socialismo real' e desemboca numa generalização das políticas neoliberais em todos os países periféricos, começando pela América Latina, passando pela África e estendendo-se ao Leste europeu e aos países que surgiram com a desintegração da União Soviética" (Tavares, in Tavares e Fiori, 1993, p. 18).

Sem pretender desconhecer as diferenças existentes entre os processos e realidades vividos por cada um dos países chamados periféricos, faremos aqui referência às semelhanças. Esse denominador comum diz respeito à incorporação do modelo de desenvolvimento elaborado pelo Banco Mundial, pelo Fundo Monetário Internacional e pelo *think tanks* de Washington, passando a ser assumido como a única interpretação e alternativa possível aos problemas da estabilização e do crescimento desses países.

Essa doutrina, comandada pelo Consenso de Washington, tramada no centro do mundo capitalista, tendo como base as experiências de Reagan e Thatcher, teve no governo chileno de Pinochet seu laboratório latino-americano. A partir daí os organismos multilaterais estabelecem as estratégias que deveriam seguir os países periféricos para enfrentar a crise.

Perante o evidente fracasso das medidas de ajuste automático propostas até então pelos organismos multilaterais, foi necessário fazer algumas inflexões nas suas orientações para os países periféricos. O plano de ajustamento das economias periféricas, cujo objetivo era homogeneizar as políticas econômicas nacionais, tinha três fases, segundo Fiori: a estabilização macroeconômica (prioridade à revisão das relações fiscais e à reestruturação do sistema de previdência pública); as chamadas "reformas estruturais" (liberalização financeira e comercial, desregulação dos mercados e privatização das empresas estatais); e a retomada do investimento e do crescimento (cf. Fiori, 1997, p. 12). É preciso ressaltar (como diz o autor) que a última fase nunca chegou.

Dessa forma, apoiados na ideia de que as políticas de estabilização dos países periféricos, e em especial os latino-americanos, deveriam ser acompanhadas de reformas estruturais, o Banco Mundial, no Relatório Anual de 1990, indica duas estratégias importantes: a primeira delas é a utilização produtiva do bem de que os pobres mais dispõem: o trabalho, e a segunda refere-se à necessidade de prestação de serviços sociais básicos para os pobres e à igual necessidade de privatizar os serviços destinados aos trabalhadores de melhor renda (cf. Mota, 1995, p. 85).

Vale lembrar que desde seu surgimento na década de 1940 até a atualidade o Banco Mundial tem passado por diferentes etapas, cada uma com objetivos e prioridades específicas.[1] Desde os anos 1990 seus esforços têm se concentrado em orientar os programas de estabilização econômica nos países latino-americanos (que inclui controle do *déficit* fiscal, cortes nos gastos públicos, reformas tributárias, abertura de mercados), em pensar estratégias para facilitar o pagamento das dívidas externas e monitorar as políticas de ajuste. Essas medidas foram acompanhadas por programas paliativos focalizados para o alívio da pobreza no con-

---

1. Para aprofundar a discussão sobre a trajetória dos organismos multilaterais, consultar Pastorini, 2002.

tinente (pobreza reduzida a situações de extrema miséria e fome).

Existe por parte desses organismos um reconhecimento dos efeitos perversos tanto econômicos quanto sociais das medidas de ajuste neoliberais, mas essa realidade crítica é explicada como um desequilíbrio transitório e necessário, entendendo que por um tempo muitos pobres ficaram em situação de risco. Vemos hoje reaparecer nos discursos dos organismos multilaterais e dos governos de plantão a preocupação com a "questão social". Conjuntamente, começam-se a pensar em reformas sociais que tenham como alvo a "nova pobreza" ou os "excluídos".

Todo o anteriormente mencionado nos permite reafirmar a ideia de que, por um lado, não é possível transladar para os países periféricos a discussão da suposta crise do *welfare state* e do surgimento de uma nova pobreza decorrente das inovações tecnológicas como forma de explicar ou fundamentar a existência de uma "nova questão social". Por outro lado, essas análises evidenciaram que não se pode pensar a "globalização", a reestruturação produtiva, o neoliberalismo, o desemprego, como processos naturais, eles são produto de uma opção política e econômica assumida pela maioria de nossos governos a partir da década de 1980. A alternativa escolhida por nossos governantes foi aquela que lhes pareceu conduzir a região — ainda que de forma diversa nos diferentes países da América Latina — a uma integração no mundo capitalista ao preço da "desintegração"[2] em nível nacional.

---

2. Utilizamos esse termo (por falta de uma melhor opção) para nos referirmos ao agravamento das manifestações da "questão social" como desemprego, fome, desigualdades, desamparo, desproteção social etc.

Ao mesmo tempo, podemos constatar que desemprego, pobreza, miséria e desigualdades sociais não são problemas que caracterizam de forma exclusiva a "questão social" contemporânea. Como diz Demo, "há dois erros: esquece-se do Terceiro Mundo, onde sempre existiu pobreza extrema e degradante, bem como se deixa de lado a história da pobreza no mundo, que sempre alimentou, em especial no capitalismo, formas desqualificantes de pobreza" (1998, p. 2).

Para pensar essa temática, Berlinck (1977) oferece-nos alguns dados sobre o processo de desenvolvimento econômico das sociedades capitalistas latino-americanas e do chamado Primeiro Mundo. Segundo o autor, as características que permitem diferenciar ambos os tipos de desenvolvimento econômico (países europeus industrializados nos séculos XVIII e XIX, e os países subdesenvolvidos que passaram por um processo de industrialização tardia no século XX) dependem da maneira como foram integradas as diferentes sociedades nacionais que compõem o mundo capitalista.

É abrangente o leque de fenômenos que indicam essa diferença, destacando-se: a quantidade de absorção de mão de obra em atividades tipicamente capitalistas, as taxas de crescimento demográfico, as migrações internacionais e campo/cidade, o tipo de tecnologia incorporada nas atividades produtivas, as características do mercado interno, a não eliminação e articulação de formas arcaicas e modernas de produção etc. (cf. Berlinck, 1977; Kowarick, 1977).

Não podemos esquecer, ademais, que o "capitalismo tardio"[3] emerge na era do imperialismo; esse fato marcará

---

3. Aqui estamos fazendo referência àqueles países de industrialização retardatária como o Brasil.

as coordenadas dos processos de desenvolvimento nas sociedades capitalistas subdesenvolvidas ou periféricas. Falamos de imperialismo para fazer referência ao processo de expansão capitalista em escala mundial, em que o capital cria uma tendência, cada vez maior, à monopolização a nível nacional e internacional; mas a centralização e a concentração do capital da fase monopolista não implicam necessariamente a eliminação da concorrência, que, por sua vez, tende a acirrar-se (tanto nacional quanto internacionalmente, e entre o capital nacional e o capital imperialista).

A relação de exploração entre os países e as especificidades nos processos de desenvolvimento capitalista de cada país e/ou região foram o centro de atenção das análises cepalinas elaboradas pelos chamados teóricos da dependência, na segunda metade da década de 1960.[4] Esses autores elaboraram uma crítica às teses dualistas e etapistas dos desenvolvimentistas, que, tomando como referência a teoria da modernização, procuravam pensar o processo de desenvolvimento socioeconômico das sociedades latino-americanas.[5]

---

4. Cardoso & Faletto (1981) e Cardoso (1971).
5. Apesar dos equívocos cometidos pelos dualistas e das críticas das quais eles são merecedores, devemos reconhecer que a Cepal na sua gênese trouxe contribuições importantes para o debate latino-americano, como por exemplo adjudicar um papel central ao Estado no processo de busca de superação do atraso econômico na região. Como diz Fiori, "seus estudos partiram de um questionamento das vantagens e da eficácia universal do livre-cambismo para postular analiticamente a existência de uma condição periférica agravadora do problema do *atraso* na evolução econômica do subdesenvolvimento latino-americano. No início da década de 1950, essas propostas se cristalizam num projeto de desenvolvimento que, partindo da afirmação da impossibilidade da industrialização espontânea na América Latina, propunha um programa de *indução à modernidade* que deveria ter na indústria a sua locomotiva e no Estado o seu planejador e impulsor" (Fiori, 1995, p. 123).

Nos seus trabalhos, que têm como ponto de partida a crítica à teoria da modernização, os teóricos da dependência buscam uma explicação histórico-estrutural e não etapista do desenvolvimento capitalista na América Latina. Entendem que a industrialização nacional dos países latino-americanos (proposta pela teoria da modernização), seguindo os passos dos países centrais, não trouxe aos países dependentes nem libertação nacional nem tampouco liquidação da miséria. Assim, os autores da Teoria da Dependência procurarão elaborar explicações e respostas, principalmente, para duas questões centrais: a) apesar do impulso da industrialização, as taxas de crescimento esperadas não foram atingidas;[6] e b) houve um aumento das desigualdades sociais e da pobreza nos países subdesenvolvidos.

Os autores que tomam como referência essa teoria entendem que o subdesenvolvimento não é uma etapa anterior ao desenvolvimento, afirmando que existem países subdesenvolvidos porque há os que são desenvolvidos (que nunca foram subdesenvolvidos, embora possam ter sido não desenvolvidos); além do mais, os países ricos tornam-se cada vez mais ricos, enquanto os pobres tornam-se cada vez mais pobres. Nessa perspectiva, a especificidade histórica da situação de subdesenvolvimento radica na relação entre as sociedades periféricas e as centrais.

Entendemos que o próprio conceito de desenvolvimento capitalista dependente, categoria central desses teóricos, traz implícita a própria negação da possibilidade do desen-

---

6. Talvez o caso do Brasil fuja a essa primeira premissa, uma vez que durante a década de 1950 esse país subdesenvolvido teve taxas de crescimento que poderiam ser comparadas com alguns países desenvolvidos.

volvimento econômico desses países. Segundo Bottomore, os teóricos da dependência baseiam toda a sua análise no fato de que os países subdesenvolvidos devem passar por uma transformação capitalista numa época em que o mundo já se encontra dominado pelas potências capitalistas; dessa forma, "a dinâmica dos países subdesenvolvidos se transforma numa simples reação ao domínio externo, sendo a expressão imperialismo usada [pelos teóricos da dependência] no sentido extremamente limitado de relações entre países adiantados e países atrasados" (1988, p. 190).

Para os autores da dependência, a pobreza e a marginalidade na América Latina seriam uma das consequências desse processo em nível mundial; é por isso que entendem necessário pensar como se deu o processo de desenvolvimento capitalista nos países chamados dependentes. De acordo com essa corrente, o processo de modernização não pode ser entendido como um movimento harmônico e sem tensões, reduzido à passagem da situação de subdesenvolvimento para o desenvolvimento decorrente do melhoramento e progresso técnico que estaria possibilitando a industrialização nacional; segundo essa lógica só existiria a possibilidade de instabilidades passageiras, desajustes momentâneos e falta de integração à ordem. Assim, a pobreza e a marginalidade só poderiam ser pensadas como uma questão de integração social deficitária, ou seja, como falta de integração.

De forma contrária, os teóricos da dependência, críticos da teoria da modernização, entenderão que o próprio processo de modernização implica desarticulações e rupturas, produzindo assimetrias e relações desiguais entre os diferentes países e inclusive no interior de uma mesma nação (entre regiões, campo/cidade etc.). Isso significa que o próprio processo de modernização tem como cerne uma relação contraditória entre: riqueza/pobreza, atraso/progresso, inclusão/exclusão, arcaico/moderno, explorado/explorador, desenvolvimento/subdesenvolvimento etc., ou seja, aquilo que foi denominado como a dialética da modernização (cf. Lechner, 1990).

De acordo com esse jogo de pares contraditórios, dialeticamente relacionados e contextualizados pelo desenvolvimento capitalista em nível mundial, busca-se pensar a marginalidade e a pobreza nos anos 1970. Destacando as noções de contradição e de conflito entre diferentes classes sociais, a marginalidade na América Latina passa a ser analisada, não como falta de integração de alguns setores da sociedade (tal como entendida pelos autores da teoria da modernização influenciados pelo pensamento estrutural funcionalista), senão como decorrência do sistema capitalista dependente.

Kowarick[7] é um dos autores brasileiros mais representativos do debate crítico sobre a marginalidade;[8] ele

---

7. Kowarick (1977), no seu trabalho "Capitalismo e marginalidade na América Latina" apresentado como tese de doutoramento em 1973, e publicado posteriormente, reconstrói a discussão sobre a marginalidade desde os anos 1940, quando a marginalidade urbana aparece como problema teórico e prático na América Latina de pós-guerra.

8. Na década de 1960, o debate sobre a marginalidade viu-se "invadido" por uma pluralidade de conceitos, como por exemplo: *"massa marginal"* e *"polo marginal"* (ambos utilizados por José Nun) e *"população marginal"* (empregado por Aníbal Quijano). Existe um denominador comum nesses autores que, por um lado, demonstram preocupação em definir o conceito de *marginalidade* e, por outro, rejeitam a ideia de assimilar a marginalidade com a categoria de *exército industrial de reserva*. Uma parte desse debate encontra-se sistematizado no livro *Populações "marginais"*, organizado por Luiz Pereira (1978).

entende que essa problemática não pode ser analisada a partir de uma ótica dualista, em que uns estariam integrados e outros não. Assim, dirá que a marginalidade "deve ser vista como um processo que decorre de formas peculiares de inserção no sistema produtivo. Isto significa que é a partir do processo de acumulação capitalista que se torna necessário considerá-la. O problema central está em saber como a força de trabalho é integrada no processo produtivo na medida em que o capitalismo se expande, penetra e domina os diversos setores da economia (...) É conhecido que o modo de produção capitalista, malgrado as diferenças existentes de país para país, traz dentro de sua própria lógica um conjunto de mecanismos que originam marginalidade" (Kowarick, 1977, p. 60).

Segundo o mesmo autor, esses mecanismos exprimem-se de forma particular na conformação do desemprego e do subemprego, e na formação do exército industrial de reserva. Por isso, tal como falamos anteriormente, a marginalidade e a pobreza serão entendidas como problemas inerentes ao sistema capitalista, mas, no caso específico das sociedades latino-americanas, adquirem maior magnitude se considerarmos também a sua situação de dependência.

Essa revisão dos debates sobre o desenvolvimento social e as teorias da marginalidade, embora muito rápida, serve para evidenciar que as discussões colocadas na atualidade sobre a exclusão social, o desemprego estrutural etc., não trazem muitos elementos novos. Até poderíamos dizer que esse debate, que se pretende completamente novo, deita suas raízes naquelas análises e estudos realizados desde a segunda metade dos anos 1940 — na Europa e nos

Estados Unidos — e, principalmente na década de 1960, na América Latina.

Da mesma forma que outrora se tentou transladar as interpretações do Primeiro Mundo referidas à marginalidade, agora resgata-se o debate colocado nesses países sobre a exclusão social, na tentativa de explicar as realidades críticas vividas pelos países latino-americanos.

Antes de continuar, diremos que é verdade que hoje, no Brasil e na maioria dos países latino-americanos, deparamos com uma realidade histórica diferente daquela vivida até meados da década de 1970. Em parte, essa mudança deve-se a que na atualidade o sistema capitalista, além de não incorporar ao mercado formal de trabalho e, consequentemente, ao sistema de seguridade social amplos setores da população historicamente não incorporados, hoje são "expulsos" muitos dos que outrora mantinham um vínculo, mais ou menos estável, não só de emprego, mas com a proteção social, gerando uma crescente desestabilização dos estáveis e aumentando a insegurança e desproteção da população.

É importante lembrar que, já nos anos 1960-1970, os pensadores anteriormente mencionados faziam referência à exclusão social. Oliveira (1997) assinala que os autores da teoria da dependência previam que o modelo de industrialização implantado na América Latina intensificaria o *sistema social excludente* que caracterizava o capitalismo das economias dependentes; também Kowarick fazia referência *à exclusão social*, na hora de pensar o "milagre econômico brasileiro", que, mesmo no seu apogeu, aumentou a marginalidade no país.

Aquela forma de conceber a marginalidade, a partir de uma lógica dualista, se faz presente até os dias de hoje, fato que pode ser evidenciado, especificamente, nas análises referidas à exclusão social.[9] Nesses estudos, os autores recorrem a uma nova binaridade, incluído/excluído ou inserido/excluído, embora muitas vezes ela se apresente com a fantasia de desfiliação, apartação, de minoria ética e comportamental etc.; continua-se pensando uns indivíduos dentro e outros fora, mas sem se perguntar, como diz Oliveira (1997), dentro e fora de quê? E quem é que os "coloca" nessa situação?

A falta de questionamento leva a uma perda da processualidade nas análises dos fenômenos contemporâneos e à naturalização da realidade, ou seja, a modernização, a exclusão, a pobreza e até o próprio capitalismo se nos apresentariam como fatos dados. Como diz Martins, "as categorias de 'excluído' e 'exclusão' são categorias de orientação conservadora. Não tocam nas contradições. Apenas as lamentam" (2002, p. 35). Cria-se e alimenta-se a ilusão de um futuro melhor e/ou resignação diante do fatal acontecer das coisas, quando na verdade todos esses fenômenos são produto da opressão econômica, política, ideológica e cultural exercida pelas classes dominantes na ordem capitalista.

Essa "ilusão ideológica",[10] negando e absorvendo os conflitos de classes, sedimenta as propostas de integração

---

9. Essas análises não levam em consideração os estudos realizados, na década de 1970, pelos críticos antidualistas de inspiração marxista. Para aprofundar essa discussão, ver Oliveira (1981).

10. Cerqueira Filho, quando analisa o discurso político dominante sobre a "questão social" no Brasil, que ele denomina como a "grande comédia", dirá que esse é "um discurso que combina integração social e paternalismo. (...) O discurso burguês liberal típico tem sempre uma margem possível real e concreta de ilusão ideológica quando, absorvendo e lidando com o conflito social, afirma a sua inexistência. (...) Nos países de industrialização recente, como é o caso do

e inserção social, apresentadas como a saída contemporânea capaz de restabelecer a coesão social perdida.

Por isso entendemos que, se analisarmos a problemática vivida hoje no heterogêneo mundo capitalista sem fazer referência à luta de classes, aos sujeitos políticos envolvidos e às desigualdades sociais que daí decorrem, as manifestações da "questão social" na atualidade ficarão reduzidas a expressões de uma crise do vínculo social.[11]

Dessa forma, as reivindicações organizadas serão identificadas com estratégias utilizadas por distintos grupos que, em diferentes momentos históricos, colocam em risco a coesão social; e as respostas dadas a essas pressões e conquistas coletivas ficariam reduzidas a mecanismos sociais institucionalizados capazes de manter o suposto equilíbrio e a harmonia da sociedade. A categoria excluído pressupõe uma sociedade estável, harmônica, rígida, ignorando que a sociedade capitalista é a sociedade da luta de classes, atravessada por interesses contraditórios e em conflito. Martins afirma que é necessário que "os militantes da causa da 'inclusão' assumam abertamente o seu conservadorismo, a sua luta como luta de agentes de controle social, de afirmação de valores que definem *o que a sociedade deve ser* e não necessariamente *o que pode ser* (...), o discurso militante em

---

Brasil (...), o discurso político conservador, elitista e autoritário, impregnado ainda da prática política das oligarquias agrárias não admite o conflito, não sabe lidar com ele como o pensamento burguês liberal o faz. Assim não é capaz da ilusão ideológica. O que fazer? Ocultar o conflito (...) Articular uma visão de mundo, fundada na integração social por oposição ao conflito, o favor e o autoritarismo" (Cerqueira Filho, 1982, p. 91).

11. Aqui estamos fazendo referência a autores como Rosanvallon (1995), Paugam (1996) e Castel (1998).

favor das transformações sociais, quando é na verdade um discurso militante em favor das relações sociais existentes" (Martins, 2002, p. 47).

De acordo com essa lógica, e com a pretensão de serem "modernos", recorrem ao termo "exclusão social" como um substituto da supostamente "ultrapassada" categoria classe social. Essas análises afirmam que a "antiga questão social" operária foi superada, e que hoje nos deparamos com uma "nova questão social" entendida como decorrência natural da revolução tecnológica, que trouxe uma eliminação crescente dos postos de trabalho. Assim, negando as contradições de classes e entendendo que os fatores econômicos não são determinantes no processo de exclusão social, colocam o acento dos seus estudos na intolerância, na rejeição, no não reconhecimento do outro, na incapacidade de aceitar a diferença, em última instância na possibilidade ou não de inserção dos "excluídos" nas redes de sociabilidade, que estariam levando ao enfraquecimento do laço social e dos valores morais que uniram as pessoas até então.

As soluções passariam, segundo esses autores, pela celebração de um novo pacto social e pelas políticas de integração social (através da repartição do trabalho entre aqueles ainda inseridos no mercado formal), combinadas com as políticas de inserção social (como os programas de transferência de renda para os setores de pobreza extrema); esse tipo de solução deve ser, necessariamente, analisado a partir da teoria da integração social e tendo como preocupação central o liame social. Mas não podemos esquecer um fato real: como diz Demo, "a inserção dos excluídos através da renda mínima é uma exclusão elegante" (1998,

p. 80), desresponsabilizando cada vez mais o sistema produtivo e o Estado. Pior ainda é a realidade vivida nas nossas sociedades latino-americanas, onde não existiu um *welfare state* propriamente dito, e onde a incorporação ao mundo capitalista se fez excluindo amplos setores da população, "reproduzindo" um excedente populacional em condições miseráveis.

Por isso entendemos que as medidas (tanto públicas quanto privadas) que busquem realmente atender às manifestações da "questão social" na contemporaneidade não podem estar apoiadas na teoria da integração social (como as políticas de inserção ou inclusão), que, em última instância, pretende acomodar os indivíduos à ordem estabelecida. É necessário pensar em estratégias que busquem romper com essa ordem, que procurem criar uma "contra-hegemonia"; mas, para isso, requer-se ação e sujeitos políticos capazes de romper com a situação de submissão em que vivem.

Dessa forma, precisamos pensar a origem das manifestações mais evidentes da "questão social" hoje, como, por exemplo, o desemprego crescente, o aumento da miséria e das desigualdades sociais etc. Para isso, devemos nos remeter, necessariamente, ao processo de desenvolvimento capitalista tardio e dependente da América Latina e aprofundar a análise do contexto da modernização excludente que, como diz Lechner (1990), é o marco econômico e cultural de nossa época. Esse modelo de modernização "escolhido" pelos nossos governos tem como principais características a integração internacional e a marginalização ou exclusão em nível nacional. O declínio das economias nacionais e o surgimento de uma nova divisão internacional do trabalho, tal como diz Hobsbawm, "não significa que o poder econômico e tecnológico não continue geograficamente concentrado em uma parte do globo, e a pobreza e a dependência na outra, ou que não exista conexão entre esses dois fenômenos" (in Vega Cantor, 1999, p. 45).

Falar da "questão social" implica necessariamente fazer referência ao capitalismo e ao Estado por ele constituído. Não é suficiente realizar uma genealogia do conceito de solidariedade social e estabelecer como ponto de inflexão o Estado social.

O que marca uma ruptura (que ao mesmo tempo implica uma certa continuidade) é o caráter político da "questão social" decorrente do processo de formação de desenvolvimento da classe trabalhadora e seu ingresso no cenário político, que exige seu reconhecimento como classe por parte do Estado e do capital (cf. Iamamoto e Carvalho, 1991, p. 82). São essas desigualdades presentes na sociedade de mercado e o potencial de rebeldia e de luta política organizada que nos permitem falar de "questão social".

A origem da "questão social" e os principais instrumentos estatais utilizados para "atender" algumas das suas manifestações devem ser analisados em vinculação com os problemas de integração nacional, participação política e redistribuição da riqueza. Nesse sentido, Fleury, fazendo referência à problemática da proteção social na América Latina, diz que "não pode ser vista apenas do ponto de vista da incorporação da classe trabalhadora ao mercado de trabalho e nem mesmo da necessidade de uma distribuição mais equitativa da renda nacional. Para além destas determinações, a proteção social é um desafio que se coloca desde que a unidade político-administrativa se está consolidando, e seu equacionamento vai depender das características assumidas em cada caso por este processo" (1994, p. 147).

Esse processo de conformação dos Estados nacionais deve ser analisado tendo em conta os diferentes sujeitos envolvidos e os diferentes interesses em jogo — tanto em nível nacional quanto internacional.

Pensando especificamente no caso brasileiro, Cerqueira Filho citará as palavras do ministro do Trabalho, Agamenon Magalhães, para exemplificar como, já na primeira metade dos anos 1930, apesar das resistências, a "questão social" se inscreve no pensamento dominante como uma questão cada vez mais legítima. Dessa forma, coloca que "a questão social no Brasil assume a meu ver três aspectos, dois sociais e um econômico. Os dois primeiros se resumem em previdência social e justiça, e o econômico em organização e aumento das nossas riquezas (...) [E continua a afirmar que] a economia tem que ser dirigida até que a crise passe e os valores econômicos se ajustem, dentro do regime de compensações, que articule e coordene a atividade produtora de todos os povos" (1982, p. 80).

Essas respostas devem ser pesadas como produto de uma luta entre as diferentes classes com interesses contrapostos, que tem como resultado políticas públicas resistentes ao Estado *laissez-faire* demandado pelo setor oligárquico. A partir desse momento, o poder estatal passa a promover e controlar os rumos do desenvolvimento econômico da nação.

Assim, a caridade privada complementa-se com a benemerência do Estado, que coloca em prática o princípio de subsidiariedade. Os problemas da sociedade capitalista brasileira, tais como pobreza, desemprego, falta de regulação da força de trabalho, educação básica etc., passam a ser inseridos na arena política, tornando-se problemas da sociedade que requerem uma resposta por parte do Estado.

O trato da "questão social" pelos setores hegemônicos é geralmente orientado pela teoria da integração social; dessa forma, acabam-se naturalizando as desigualdades sociais, e as políticas sociais perdem o seu caráter de conquista passando a ser concebidas como concessões do Estado e do capital, reproduzindo a "ideologia do favor", caracterizada por formas paternalistas e clientelísticas de relação que se combinam com um tipo de atendimento, por parte do Estado, orientado pela benevolência e a filantropia.

Segundo essa lógica, na busca de ocultar o protagonismo das classes trabalhadoras no cenário de lutas políticas, a prestação de bens e serviços não é definida como direito de cidadania, e sim como uma dádiva ou uma concessão do Estado, do capital ou dos partidos políticos etc., reiterando as desigualdades, a exclusão e a subalternidade. Assim, os usuários, portadores de direitos, são reduzidos a beneficiários, assistidos, requerentes etc., que receberão os serviços e benefícios sob a forma de políticas sociais e/ou programas compensatórios, paliativos e/ou auxílios temporários, emergenciais e focalizados.

O Estado reproduz o sistema capitalista sem alterar praticamente as desigualdades por ele geradas, contendo possíveis conflitos, respondendo "humanitariamente" à situação de miséria e pobreza dos trabalhadores e dos grupos mais explorados, mas sempre dentro dos limites impostos pela acumulação do capital e pelo jogo político (Sposati et al., 1998, p. 31-2).

Pelo que já foi exposto até aqui, entendemos que essa suposta inovação e novidade, que estaria contida nas políticas de inserção e integração, não ultrapassa a clássica busca de integração social, que procura mais uma vez integrar os indivíduos à ordem social estabelecida como forma de experimentar "o enigma de sua coesão" e tentar "conjurar o risco de sua fratura", tal como entende Castel (1998).

A tentativa de soluções historicamente praticadas no Brasil (e na maior parte dos países latino-americanos), orientadas pela busca da integração social, se concretiza pela combinação de medidas assistenciais e repressivas dependendo do contexto histórico.

Do ponto de vista do discurso e do pensamento hegemônico, procura-se naturalizar as desigualdades e conflitos na sociedade capitalista, procurando mostrar uma imagem de harmonia e integração. O atendimento às manifestações da "questão social" passa por fora dos limites da luta de classes, transformando-se em problemas de integração deficiente, não reconhecimento das diferenças, falta de solidariedade social, fragilidade do laço social, crise de valores etc.

De forma contrária, entendemos que o acesso aos serviços e benefícios na sociedade atual deve ser mediante políticas sociais que busquem a universalidade; por isso, concluímos que é imprescindível pensar em políticas e programas sociais alternativos fora da teoria da integração social. Assim sendo, é necessário romper com o discurso dominante que diz respeito a uma visão de mundo, a uma relação entre a economia e a política, a um modo dado de organizar a vida social, a uma concepção de sujeito e uma forma específica de construção do mundo material etc.; em definitivo, implica romper com a história oficial. Dessa forma será possível evidenciar as contradições estruturais que fundamentam as desigualdades sociais e romper com o consenso manipulado, construído artificialmente na sociedade capitalista, tendo como horizonte a emancipação não só política, mas sobretudo humana.

## Capítulo 4

# Delimitando a "questão social": o novo e o que permanece

No contexto atual atravessado por profundas transformações existem mudanças na estrutura de classes, na participação política e sindical e no próprio processo de produção capitalista — o que não significa afirmar que as contradições capitalistas deixaram de existir ou que foram resolvidas.

Se partirmos do pressuposto de que a "questão social" tem sua gênese na forma como os homens se organizam para produzir numa determinada sociedade e num contexto histórico dado, e que essa organização tem suas expressões na esfera da reprodução social, então diremos, fazendo nossas as palavras de Netto, "que a 'questão social' está elementarmente determinada pelo traço próprio e peculiar da relação capital/trabalho — a exploração. A exploração, todavia, apenas remete à determinação molecular da 'questão social'; na sua integralidade, longe de qualquer unicausalidade, ela implica a intercorrência de componentes históricos, políticos, culturais etc. Sem ferir de morte os dispositivos exploradores do regime do capital, toda luta contra as suas manifestações sócio-políticas e humanas (precisamente o que se designa por 'questão social') está condenada a enfrentar sintomas, consequências e efeitos" (Netto, 2001, p. 45-6).

Entendemos que as manifestações concretas e imediatas da "questão social" têm como contraface a *lei geral da acumulação capitalista* desenvolvida por Marx em *O capital*. Ou seja, as principais manifestações da "questão social" — a pauperização, a exclusão, as desigualdades sociais — são decorrências das contradições inerentes ao sistema capitalista, cujos traços particulares vão depender das características históricas da formação econômica e política de cada país e/ou região. Diferentes estágios capitalistas produzem distintas expressões da "questão social".

As mudanças vividas no mundo capitalista levam alguns autores a pensar no surgimento de uma "nova questão social" (essencialmente diferente daquela que se fazia presente no século XIX), cuja principal manifestação seria a "exclusão social".[1]

---

1. Como diz Vega Cantor, ao fazer uma crítica aos intelectuais que têm aderido aos ditames imperiais: "nestas condições dá-se por suposto que a 'globalização' acaba com toda e qualquer forma de dependência e imposição (seja tecnológica, cultural, política ou ideológica) por parte das potências sobre o resto do mundo... Já não existiria, nem centro nem periferia, nem Sul nem Norte, nem diferentes graus de desenvolvimento, só existiria um mundo plenamente integrado pela globalização... Da mesma forma que sucede com as noções de classes sociais, exploração, mais-valia, o termo imperialismo tem sido desterrado do vocabulário sociológico e político, e seu lugar está sendo ocupado pela retórica da interdependência e das relações de cooperação e de ajuda mútua desinteressada entre as nações" (Vega Cantor, 1999, p. 42-3).

Pensar a "questão social" sem perder de vista a processualidade implica analisar a emergência política de uma questão, adentrar nos processos e mecanismos que permitem que essa problemática tome força pública, que se insira na cena política. Ou seja, é mister compreender como essa necessidade social transforma-se em demanda política. Para isso é de máxima importância não esquecer um outro elemento: os sujeitos envolvidos nesse processo, aqueles que colocam a questão na cena política. Esse é, em nosso entender, um elemento fundamental que não se encontra presente nesses estudos já analisados (principalmente em autores como Castel e Rosanvallon). É necessário analisar como e quem coloca essa problemática nas agendas dos governos? Quais são os sujeitos coletivos envolvidos?

Autores como Castel e Rosanvallon, anteriormente trabalhados, não respondem a essas interrogações que entendemos serem centrais; parece que se trata de um movimento "natural", ou, no melhor dos casos, de um conjunto de práticas institucionais que pouco ou nada tem a ver com sujeitos políticos, mobilizados, organizados etc., em definitivo, com as classes sociais e a socialização da política conquistada pelas classes trabalhadoras.[2] Dessa forma, perde-se a possibilidade de analisar a "questão social" como uma questão política, econômica, social e ideológica que remete

---

2. O distanciamento da explicação marxista encontra-se presente em todos os autores trabalhados até aqui. Eles entendem que a explicação da "questão social" (e suas manifestações como pobreza, exclusão etc.) apoiada na ideia do confronto de interesses de classes não daria conta da realidade contemporânea onde a integração pelo trabalho não é mais o eixo central para pensar o pertencimento dos indivíduos à sociedade, passando a ocupar o lugar prioritário a inserção a partir das redes de sociabilidade.

a uma determinada correlação de forças entre diferentes classes e setores de classes, inserida no contexto mais amplo do movimento social de luta pela hegemonia.

Por isso entendemos que nessas perspectivas de análise (aqueles que afirmam que a "questão social" sempre existiu ou os que pensam que sempre existirá) há em última instância uma naturalização da "questão social". Assim, a "questão social" é colocada por esses autores de forma *des-historicizada*, *des-economizada* e *des-politizada*. Como diz Netto, "ao naturalizar o social (...) estabelece nitidamente a inépcia dos sujeitos sociais para direcioná-lo segundo seus projetos — mais exatamente, estabelece a sua *refratariedade* à razão e à vontade dos sujeitos sociais: a sua variabilidade obedece a regularidades fixas que escapam substantivamente à intervenção consciente dos sujeitos históricos; o social, como tal, aparece como uma realidade ontologicamente alheia a esses. O que assim recebe sanção teórica e consagração cultural é a *impotência* dos sujeitos e protagonistas sociais em face dos rumos do desenvolvimento da sociedade" (Netto, 1996, p. 40-1).

Para pensar historicamente a "questão social" é necessário romper com as constatações vazias, com a enumeração de fatos que, pretendendo ser objetiva, reduz a história a uma mera sucessão cronológica de acontecimentos do passado, a um anedotário. Esses fatos em si não têm sentido, senão aquele que os homens, nos diferentes momentos e conjunturas, lhe outorgam. Para isso o tempo não pode ser pensado como homogêneo e vazio (como na concepção positivista de história), com uma aceleração constante e com um horizonte predefinido, já que dessa forma a história viva não teria sentido.

Neutralizando e cristalizando o tempo, não se faz outra coisa que congelar, na interpretação, o movimento da própria realidade, imobilizando a totalidade social e vendo passar a história de forma linear (positivisada), através de uma sucessão de fatos. A ideia positivista de história não dá lugar a contradições, já que se fundamenta numa noção de progressão temporal com uma meta final previamente definida.

Entendemos necessário pensar a "questão social" orientados por uma outra ideia de tempo, que poderíamos chamar de histórico, que refere a uma "temporalidade complexa e *diferencial*, na que os episódios ou épocas eram descontínuos entre si e heterogêneos em si" (Anderson, 1993, p. 98),[3] pensando o desenvolvimento histórico como um processo contraditório e não linear.

É necessário buscar uma outra forma de relacionar ambos os termos, com vistas à conservação do movimento e da processualidade, ou seja, uma outra forma que nos permita pensar, neste caso, na "questão social", sem vê-la nem como total novidade, nem como um conjunto de problemáticas que sempre existiram e/ou que sempre existirão (metamorfoseadas ou nas suas "variadas modalidades").

---

3. Como diz Perry Anderson, isto denota um tempo histórico "onde cada momento é perpetuamente diferente dos restantes pelo fato de estar *próximo*, mas — pela mesma razão — é eternamente *igual* como unidade de intercâmbio num processo que se repete até o infinito". Esta concepção de tempo deve ser diferenciada daquela que o entende como retilíneo, como "um processo de fluxo contínuo onde não existe uma autêntica diferenciação entre uma conjuntura ou época e outra, a não ser em termos de uma mera sucessão cronológica do velho e do novo, o anterior e o posterior, categorias sujeitas a uma incessante permutação de posições numa direção, à medida que passa o tempo e o posterior se transforma no anterior e o novo no velho" (Anderson, 1993, p. 98).

Para tal, poderíamos nos apoiar numa lógica que considere ambos os aspectos e que ao mesmo tempo nos permita capturar o que permanece no novo. Semeraro, fazendo suas as palavras de Gramsci, quando se refere à capacidade dialética nesse pensador que lhe permite ver a unidade na diferença e a diferença na unidade, dirá que "buscar a real identidade na aparente diferença e contradição, e procurar a substancial diversidade sob a aparente identidade é a mais delicada, incompreendida e contudo essencial virtude do crítico das ideias e do histórico do desenvolvimento histórico" (Semeraro, 1999, p. 79).

Desvendando os traços constitutivos da "questão social" (aqueles elementos que cruzam os diferentes momentos históricos e as variadas conjunturas sociais), conhecendo e fazendo visível aquilo que permanece, poderemos realmente diferenciar e compreender em que consiste a novidade da "questão social". É verdade que existem novos elementos e novos indicadores sociais que poderiam nos levar a pensar que se trata de uma nova "questão social", mas partimos da hipótese de que se trata de novas expressões da mesma "questão social", entendendo-se que os traços essenciais da sua origem — sua íntima vinculação ao processo de reprodução capitalista — ainda têm vigência porque não foram superados.

Como diz Yazbek, falar de "questão social" é falar da divisão da sociedade em classes e a apropriação desigual da riqueza socialmente gerada. Dessa forma, afirma colocar em questão "a luta pela apropriação da riqueza social. Questão que se reformula e se redefine, mas permanece substantivamente a mesma por se tratar de uma questão estrutural, que não se resolve numa formação econômica social por natureza excludente. Questão que, na contraditória conjuntura atual (...) assume novas configurações e expressões" (Yazbek, 2001, p. 33).

Tomando como referência uma relação dialética entre antigo e novo, orientados pela lógica do "e", e não por uma oposição binária, entendemos que só seria possível afirmar que existe uma "nova questão social", diferente daquela que surgiu no século XIX, se a "antiga questão social" não existisse mais, seja porque foi superada seja porque foi resolvida. Mas para que isso se torne real é necessário mudar os fundamentos da sociedade burguesa.

Partimos de dois pressupostos: por um lado, que o capitalismo não se esgotou, e, por outro, que a "questão social" na sociedade capitalista toma "estado público" quando a sociedade que a originou está preparada para assumi-la. Assim tal como Marx afirmou em 1859, "uma formação social nunca perece antes que estejam desenvolvidas todas as forças produtivas para as quais ela é suficientemente desenvolvida e novas relações de produção mais adiantadas jamais tomarão o lugar, antes que suas condições materiais de existência tenham sido geradas no seio mesmo da velha sociedade. É por isso que a sociedade só se propõe as tarefas que pode resolver" (Marx, 1999, p. 52).

Nesse sentido, poderíamos afirmar que a "questão social"[4] na sociedade capitalista tem sua gênese nos proble-

---

4. Segundo Netto, a expressão "questão social" que começou a ser utilizada na terceira década do século XIX "surge para dar conta do fenômeno mais evidente da história da Europa Ocidental que experimentava os impactos da primeira onda industrializante (...): trata-se do fenômeno do pauperismo" (Netto, 2001, p. 42). Mas "a partir da segunda metade do século XIX, a expressão 'questão social' deixa de ser usada indistintamente por críticos sociais de diferenciados

mas sociais a serem resolvidos nas diferentes formações sociais pré-capitalistas, mas sua origem data da segunda metade do século XIX, quando a classe operária faz sua aparição no cenário político na Europa Ocidental; em definitivo quando a "questão social" torna-se uma questão eminentemente política. Por isso afirmamos que a "questão social" que tem sua raiz na sociedade capitalista deve ser pensada como parte constitutiva dessa sociedade que nos diferentes estágios produz distintas manifestações.

Para desenvolver essa ideia, dividiremos nossa argumentação em dois momentos. Primeiramente, analisaremos como surgiu a "questão social" na sociedade capitalista e qual era o contexto histórico em que ela se originou. Num segundo momento, considerando a dinâmica histórica de mudança e conflito, veremos aqueles traços da "questão social" que permanecem desde sua origem até os dias atuais.

Tendo como pano de fundo os processos de urbanização e industrialização na sociedade capitalista da Europa no transcurso do século XIX, poderíamos afirmar que a "questão social" deve ser entendida como conjunto de problemáticas sociais, políticas e econômicas que se geram com o surgimento da classe operária dentro da sociedade capitalista. Ela relaciona-se necessariamente no continente europeu à ordem burguesa; ou seja, refere-se ao processo de desenvolvimento do próprio capitalismo.

Hobsbawm entenderá que "o triunfo global do capitalismo é o tema mais importante da história nas décadas que se sucederam a 1848. Foi o triunfo de uma sociedade

---

lugares do espectro ideopolítico — ela desliza, lenta mas nitidamente, para o vocabulário do pensamento conservador" (idem, p. 43).

que acreditou que o crescimento econômico repousava na competição da livre iniciativa privada, no sucesso de comprar tudo no mercado mais barato (inclusive o trabalho) e vendê-lo mais caro" (Hobsbawm, 1997, p. 19). E acrescenta que "os anos de 1789 a 1848 (...) foram dominados por uma dupla revolução: a transformação industrial, iniciada e largamente confinada à Inglaterra, e a transformação política, associada e largamente confinada à França (...) [Com a Revolução de 1848] a antiga simetria quebrou-se, a forma modificou-se. A revolução política recuou, a revolução industrial avançou" (idem, p. 20).

É nesse contexto de crise e revoluções que fez sua aparição a "questão social". Fazendo nossas as palavras de Iamamoto, podemos afirmar que "A *questão social* não é senão as expressões do processo de formação e desenvolvimento da classe operária e de seu ingresso no cenário político da sociedade, exigindo seu reconhecimento como classe por parte do empresariado e do Estado. É a manifestação, no cotidiano da vida social, da contradição entre o proletariado e a burguesia, a qual passa a exigir outros tipos de intervenção, mais além da caridade e repressão" (Iamamoto, in Iamamoto e Carvalho, 1991, p. 77).

Devemos ter presente que, no transcurso do século XIX, começa-se a sentir concretamente as consequências do avanço do processo de industrialização e da urbanização nos países europeus. Vemos assim, por um lado, os trabalhadores manifestarem seu descontentamento por via da mobilização, da organização do movimento operário, da pressão e reivindicação, perante o empresariado e o Estado, constituindo dessa forma uma real ameaça à ordem estabelecida; por outro lado, e ao mesmo tempo, se faz presente a intervenção inibidora da burguesia, que buscou impedir o acesso igualitário das classes trabalhadoras ao processo de socialização da política, da riqueza etc.

O mundo mudou profundamente durante o século XIX, atravessado por profundas lutas e resistências em torno da questão dos direitos, especialmente o direito ao trabalho.

Foi assim que, uma vez resolvida a questão política (a conquista da República), os trabalhadores começam a proclamar a "resolução" da "questão social", que consistia em pôr fim aos seus sofrimentos, o que implicava a "aplicação dos princípios contidos em nossa Declaração dos Direitos Humanos... O primeiro direito do homem é o direito de viver" (in Castel, 1998, p. 350). Mas, para o caso dos trabalhadores, o direito a viver significava o direito a viver do seu trabalho, em definitivo o direito ao trabalho. O direito ao trabalho é homólogo ao direito à propriedade para os mais ricos nas sociedades capitalistas.

Foi por isso que o direito ao trabalho passou a ser pensado como um direito subversivo, como antidemocrático, na medida em que a sociedade como um todo, e por todos os meios, deveria garantir e proporcionar trabalho aos homens que não possam obtê-lo de outra forma. Em última instância, o Estado se compromete a proporcionar trabalho a todos os que carecem dele por variadas razões.

Aqui nos perguntamos: o direito ao trabalho não leva fatalmente ao socialismo ou a limitar a acumulação capitalista? Evidentemente, essa era uma das principais preocupações da burguesia hegemônica. Segundo Marx, para os defensores desse regime, o direito ao trabalho só pode ser entendido como "um contrassenso, um desejo piedoso e infeliz [já que] por trás do trabalho está o poder sobre o capital, e por trás do poder sobre o capital, a apropriação dos meios de produção, sua submissão à classe operária associada e, por conseguinte, a abolição tanto do trabalho assalariado como do capital e das suas relações mútuas. Por trás do 'direito ao trabalho' estava a insurreição de junho" (Marx, s. d., p. 138-9).

Dessa forma, quando a burguesia se instala no poder e o capitalismo se expande, quando o trabalho assalariado já é a organização dominante, ou seja, a organização burguesa do trabalho (cf. Marx, s. d., p. 118), o Estado moderno, em seu lugar, passou a atender o direito à assistência pelo trabalho, ou seja, aqueles que se encontram inseridos no mercado de trabalho adquirem o direito à segurança e à assistência de suas necessidades básicas enquanto força de trabalho "livre".

Perante a incapacidade de assegurar o *direito ao trabalho* (direito a viver trabalhando), a burguesia necessitou procurar uma estratégia que desse lugar ao *direito de trabalho* (ou de livre acesso ao mercado de trabalho) para posteriormente proteger o *direito da assistência pelo trabalho*. Com a liberalização do mercado de trabalho e tendo presente que os trabalhadores tinham a necessidade de vender sua força de trabalho (e não esqueçamos que os empregadores tinham também a necessidade de dispor livremente de toda a força de trabalho para desenvolver suas empresas), obtém-se a segurança material do trabalhador em troca da aceitação de uma instituição aparentemente neutra, mas com poderes de vigiar o social.

A partir de então o Estado começa a cobrir os riscos que têm consequências negativas para o "interesse coletivo", por constituir uma "ameaça à coesão social". Esse Estado, que se apresenta como pairando acima das classes sociais, mostra-se como uma entidade criada para proteger os indivíduos dos perigos da sociedade moderna. Define-se publicamente um conjunto de problemas sociais que requerem uma atenção coletiva. Dessa forma, as manifestações da "questão social" (fome, doença, desemprego, desproteção) consideradas como males incuráveis são entendidas como passíveis de serem amenizadas.

Desde sua emergência, a "questão social" tem como núcleo problemático o trabalho assalariado: a organização desse trabalho, a regulação da força de trabalho, a empregabilidade da força de trabalho, as consequências da desregulamentação do mercado e da força de trabalho etc.

É precisamente aí que se encontra o nó problemático da "questão social" e do direito ao trabalho e, em decorrência, a "solução" escolhida para contestar esse direito pensado como subversivo, como desestabilizador da ordem socialmente estabelecida. Foi assim que se tentou equiparar o direito ao trabalho com o livre acesso ao trabalho; dessa forma, encontrou-se no direito à assistência pelo trabalho uma alternativa viável, que permitiria o controle dos trabalhadores necessário para a manutenção da coesão social e legitimidade da ordem. É por isso que entendemos que o "alargamento" ou ampliação desses direitos num contexto marcado por profundas desigualdades (sem desconhecer a importância histórica, política e social que isso significou e significa) deve ser pensado também como uma forma de garantir a integração dos cidadãos à ordem social, o sentimento de pertencimento, adesão e as lealdades necessárias para a preservação da estabilidade sociopolítica e econômica.

A cidadania e seu referencial à nação são o fundamento do Estado capitalista; nesse sentido, Fleury entenderá que "o capitalismo tem necessidade de criar o cidadão na medida em que ele é o correspondente jurídico e político do trabalhador livre, capaz de vender a sua força de trabalho; a cidadania é a abstração necessária à constituição, fundamento e legitimidade do poder político" (1994, p. 43).

Na sua busca de obediência, o Estado moderno se apoia não só no monopólio da violência que ele detém, mas prioritariamente na sua capacidade de organizar o consenso; para o que se faz necessária a igualdade jurídico-política de todos os sujeitos. É assim que, segundo Marx, cria-se uma igualdade ilusória, uma simulação que oculta a situação de dominação e desigualdade. O ilusório, para Marx, seria conferir o *status* de sujeito universal ao homem burguês num contexto capitalista, marcado pelas desigualdades.[5] Dessa forma, percebe-se como as diferenças sociais, econômicas, educacionais etc. ficam encobertas sob a ilusória igualdade enquanto cidadãos portadores de direitos universais e até em certos casos naturais. Assim, a separação entre o Estado e a sociedade civil cria uma igualdade fictícia que confirma e acentua as diferenças existentes no mundo burguês.

---

5. Segundo Marx, "o homem, na sua realidade *mais íntima*, na sociedade civil, é um ser profano. Precisamente aqui, onde aparece a si mesmo e aos outros como indivíduo real, surge como fenômeno *ilusório*. Em contrapartida, no Estado, onde é olhado como ser genérico, o homem é o membro imaginário de uma soberania imaginária, despojado de sua vida real, individual, e dotado de universalidade irreal" (1975, p. 36). Vemos assim que essa separação entre sociedade civil e Estado traz consigo uma divisão irreconciliável no indivíduo que, por um lado, apresenta-se como membro da sociedade burguesa egoísta, que procura proveito individual (como *bourgeois*), enquanto que, por outro, mostra-se como cidadão do Estado, como indivíduo generoso que busca o bem comum e trabalha para o gênero humano (como *citoyen*).

Vemos assim que, do ponto de vista histórico, no capitalismo a "questão social" vincula-se estreitamente à questão da exploração do trabalho, ou seja, a "questão social" apresenta-se, desde as suas primeiras manifestações, estreitamente vinculada à questão da exploração capitalista, à organização e mobilização da classe trabalhadora na luta pela apropriação da riqueza social. A industrialização, violenta e crescente, engendrou importantes núcleos de população não só instável e em situação de pobreza, mas também miserável do ponto de vista material e moral. Poder-se-ia dizer que, em definitivo, tratava-se de uma questão de pauperismo, e por isso ela deve ser pensada tendo em consideração os processos estruturais que dão sustentação às desigualdades e aos antagonismos próprios da ordem burguesa; dessa forma, vincula-se necessariamente ao aparecimento e desenvolvimento da classe operária e seu ingresso no mundo da política.

Dessa forma, vemos que a "questão social" como totalidade processual remete à relação capital/trabalho (à exploração capitalista); e que as ações estatais, como as políticas sociais, têm como meta primordial o enfrentamento daquelas situações que possam colocar em xeque a ordem burguesa. Mas, evidentemente, esse atendimento não vai dirigido à raiz do problema; pelo contrário, é orientado para enfrentar algumas das manifestações da "questão social" como problemáticas particulares, fragmentando, estilhaçando e atomizando as demandas sociais como uma forma de reprimir, acalmar e calar qualquer voz que atente contra a coesão e a ordem socialmente estabelecida.

Sintetizando, poderíamos dizer que a problemática da "questão social", reformulada e redefinida nos diferentes estágios capitalistas, persiste substantivamente sendo a mesma. Sua estrutura tem três *pilares centrais*: em primeiro lugar, podemos afirmar que a "questão social" propriamente dita remete à *relação capital/trabalho* (exploração), seja vinculada diretamente com o trabalho assalariado ou com o "não trabalho"; em segundo, que o atendimento da "questão social" vincula-se diretamente àqueles problemas e grupos sociais que podem colocar em *xeque a ordem socialmente estabelecida* (preocupação com a coesão social); e, finalmente, que ela é expressão das *manifestações das desigualdades e antagonismos* ancorados nas contradições próprias da sociedade capitalista.

Tal como foi enunciado anteriormente, é no século XIX, no contexto da Revolução Industrial, do desdobramento da grande indústria e da organização da classe trabalhadora (em sindicatos e partidos proletários) que lutava por melhores condições de vida e trabalho, que é colocada a "questão social" propriamente dita, vinculada à emergência do pauperismo e do perigo que ele significava para a ordem burguesa.

Mas é necessário lembrar que as manifestações das desigualdades e antagonismos que constituem a "questão social" encontram-se embasadas nos processos estruturais do desenvolvimento capitalista. Dessa forma, uma vez que a "questão social" começa a tomar estado público, as medidas utilizadas para enfrentá-la já não podem ser pensadas estritamente como mecanismos que contribuem para a acumulação do capital, pelo contrário, devem ser vistas como uma relação, uma mediação entre a sociedade civil e o Estado, que reflete sua dupla característica de coerção e de consenso, de concessão e de conquista. Nas palavras de Ianni, "as diversidades e os antagonismos sociais começam a ser enfrentados como situações suscetíveis de debate, controle, mudança, solução ou negociação. Ainda que na prática predominem as técnicas repressivas, a violência do poder estatal e a privada, ainda assim o direito liberal adotado nas constituições e nos códigos supõe a possibilidade da negociação. E o protesto social, sob diversas formas, no campo e na cidade, sugere tanto a necessidade da reforma como a possibilidade da revolução" (1996, p. 88).

Perante essas situações conflituosas, buscam-se alianças entre os diferentes setores que possibilitem acalmar os conflitos que podem dar lugar ao levantamento da população subalterna. Esse processo, que tem como ponto de chegada os benefícios outorgados pelo Estado (via política social, principalmente), tem como ponto de partida o descontentamento social, que dará lugar à luta e posterior negociação entre os diferentes setores.

A fim de deixar mais claro ao leitor, afirmamos que não se trata de uma "nova questão social", uma vez que, conforme falamos até aqui, os traços essenciais da "questão social", que tem sua origem no século XIX, estão vigentes. Assim, a "questão social" capitalista continua sendo um conjunto de problemas que dizem respeito à forma como os homens se organizam para produzir e reproduzir num contexto histórico determinado, que tem suas expressões na esfera da reprodução social. Ou seja, o núcleo central da "questão social" no capitalismo permanece intimamente articulado ao conjunto de problemas relativos à produção de mercadorias e mais-valia, mas também, à reprodução das relações capitalistas.

Afirmar que esses traços essenciais continuam vigentes não significa que a "questão social" no capitalismo é única e que se expressa de forma idêntica em todas as sociedades capitalistas e todos os momentos históricos. Pelo contrário, como já foi dito aqui, a "questão social" assume expressões particulares dependendo das peculiaridades específicas de cada formação social (nível de socialização da política, características históricas, formação econômica, estágios e estratégias do capitalismo) e da forma de inserção de cada país na ordem capitalista mundial. Assim sendo, diremos que a "novidade" hoje reside na forma que ela assume a partir das transformações vividas no mundo capitalista em seu conjunto desde os anos 1980, que produz, além de um aumento da pobreza, uma desestabilização dos trabalhadores outrora estáveis e, em decorrência, uma perda dos padrões de proteção social.

# Bibliografia

ANDERSON, Perry. Modernidad y Revolución. In: CASULLO, Nicolás. *El debate modernidad posmodernidad*. Buenos Aires: Ed. El Cielo por Asalto, 1993.

ANTUNES, Ricardo. *Adeus ao trabalho?* Ensaios sobre as metamorfoses e a centralidade do mundo do trabalho. São Paulo: Cortez-Unicamp, 1995.

_____. Dimensões da crise e as metamorfoses do mundo do trabalho. *Serviço Social & Sociedade*, 50. São Paulo: Cortez, 1996.

_____. A centralidade do trabalho hoje. In: COSTA FERREIRA, Leila da (Org.). *A sociologia no horizonte do século XXI*. São Paulo: Boitempo, 1997.

AZNAR, Guy. *Trabalhar menos para trabalharem todos*. São Paulo: Scritta, 1995.

BEHRING, Elaine. A nova condição da política social. *Em Pauta*, 10. Rio de Janeiro: UERJ, 1997.

BERLINCK, Manoel. *Marginalidade social e relações de classe em São Paulo*. Petrópolis: Vozes, 1977.

BERMAN, Marshall. Brindis por la modernidad. In: CASULLO, Nicolás. *El debate modernidad posmodernidad*. Buenos Aires: Ed. El Cielo por Asalto, 1993.

BOTTOMORE, Tom. *Dicionário do pensamento marxista*. Rio de Janeiro: Ed. Zahar, 1988.

BOYER, Robert; DURAND, Jean-Pierre. *L'après-fordisme. Alternatives économiques*. Paris: Syros, 1993.

BRESSER PEREIRA, Luiz Carlos. Gestão do setor público: estratégias e estrutura para um novo Estado. In: BRESSER PEREIRA, Luiz Carlos; SPINK, Peter (Orgs.). *Reforma do Estado e Administração Pública Gerencial*. Rio de Janeiro: FGV, 1998.

BRESSER PEREIRA, Luiz Carlos. Da administração pública burocrática à gerencial. In: BRESSER PEREIRA, Luiz Carlos; SPINK, Peter (Orgs.). *Reforma do Estado e Administração Pública Gerencial*. Rio de Janeiro: FGV, 1998a.

CALLINICOS, Alex. *Contra el posmodernismo*. Una crítica marxista. Bogotá: El Áncora Ed., 1993.

CARDOSO, F. H. Teoria da dependência ou análises concretas de situações de dependência? *Estudos Cebrap*, 1, São Paulo, 1971.

CARDOSO, F. H.; FALETTO, E. *Dependência e desenvolvimento na América Latina*. Rio de Janeiro: Zahar, 1981.

CASTEL, Robert. Da indigência à exclusão social, a desfiliação: precariedade do trabalho e vulnerabilidade relacional. *Cadernos Saúde e Loucura*, 4. São Paulo: Hucitec, 1993.

_____. L'Avèneme d'un individualisme négatif. *Debats*, 54. Paris, 1995.

_____. *As metamorfoses da questão social*. Uma crônica do salário. Petrópolis: Vozes, 1998.

CASTELO BRANCO, Rodrigo. O social-liberalismo e a "questão social" global. *Serviço Social & Sociedade*, 98. São Paulo: Cortez, 2009.

CERQUEIRA FILHO, Gisálio. *A questão social no Brasil*. Crítica do discurso político. Rio de Janeiro: Civilização Brasileira, 1982.

COMMAILLE, Jacques. *Les nouveaux enjeux de la question sociales*. Paris: Hachette, 1997.

DEMO, Pedro. *Charme da exclusão social*. São Paulo: Ed. Autores Associados, 1998 (Polêmicas de Nosso Tempo, n. 61).

DRAIBE, Sônia. *Novas formas de política social*. Brasília: 1996. (Mimeo.)

FIORI, José Luiz. *Em busca do dissenso perdido*. Ensaios críticos sobre a festejada crise do Estado. Rio de Janeiro: Ed. Insight, 1995.

_____. *Os moedeiros falsos*. Petrópolis: Vozes, 1997.

FLEURY TEIXEIRA, Sônia. *Estado sem cidadãos*. Seguridade social na América Latina. Rio de Janeiro: Fiocruz, 1994.

GORZ, André. *Adeus ao proletariado — para além do socialismo*. Rio de Janeiro: Forense Universitária, 1987.

_____. *Metamorfosis del Trabajo*. Madrid: Ed. Sistema, 1997.

HABERMAS, Jürgen. Modernidad: un proyecto incompleto. In: CASULLO, Nicolás. *El debate modernidad posmodernidad*. Buenos Aires: Ed. El Cielo por Asalto, 1993.

HAYEK, A. *Direito, legislação e liberdade*. São Paulo: Visão, 1985. v. II.

HELLER, Agnes; FÉHÉR, Ferenc. *A condição política pós-moderna*. Rio de Janeiro: Civilização Brasileira, 1998.

HOBSBAWM, Eric. *Era dos extremos. O breve século XX — 1914-1991*. São Paulo: Companhia das Letras, 1997.

IAMAMOTO, Marilda; CARVALHO, Raul. *Relações sociais e Serviço Social no Brasil*. São Paulo: Cortez, 1991.

IAMAMOTO, Marilda. *Serviço Social em tempo de capital fetiche*. Capital financeiro, trabalho e questão social. São Paulo: Cortez, 2007.

IAMAMOTO, Marilda. A questão social no capitalismo. *Revista da Associação Brasileira de Ensino e Pesquisa em Serviço Social* – *ABEPSS,* 3. Rio de Janeiro: Ed. Grafline, jan.-jun. 2001.

IANNI, Octavio. *A ideia de Brasil moderno.* São Paulo: Brasiliense, 1996.

JAMUR, Marilena. Resenha sobre "La nouvelle question sociale. Repenser l'État-providence". *Praia Vermelha,* 1. Rio de Janeiro: UFRJ – DP&A, 1997.

KLIKSBERG, Bernardo. *Repensando o Estado para o desenvolvimento social.* Superando dogmas e convencionalismos. São Paulo: Cortez/Unesco, 1998. (Coleção Questões de Nossa Época, n. 64)

KOWARICK, Lúcio. *Capitalismo e marginalidade na América Latina.* Rio de Janeiro: Paz e Terra, 1977.

LECHNER, Norbert. A modernidade e a modernização são compatíveis? O desafio da democracia latino-americana. *Lua Nova,* 21. São Paulo, 1990.

LOJKINE, Jean. *A revolução informacional.* São Paulo: Cortez, 1995.

MAAR, Leo. A centralidade do trabalho e seus encantos. In: COSTA FERREIRA, Leila da (Org.). *A sociologia no horizonte do século XXI.* São Paulo: Boitempo, 1997.

MARTINS, José de Souza. *A sociedade vista do abismo.* Novos estudos sobre a exclusão, pobreza e classes sociais. Petrópolis: Vozes, 2002.

MARX, Karl. A questão judaica. In: MARX, Karl. *Escritos da juventude.* Lisboa: Edições 70, 1975.

_____. *Contribuição à crítica da economia política (Introdução).* São Paulo: Ed. Novas Edições, 1977.

_____. Prefácio para a Crítica da Economia Política. In: MARX, Karl. *Os Pensadores.* São Paulo: Nova Cultural, 1999.

MARX, Karl. As lutas de classes na França de 1848 a 1850. In: MARX, Karl; ENGELS, F. *Obras Escolhidas*. São Paulo: Alfa-Ômega, s.d., v. 1.

MATTOSO, Jorge. *A desordem do trabalho*. São Paulo: Scritta, 1995.

MENELEU NETO, José. Desemprego e luta de classes: as novas determinidades do conceito marxista de exército industrial de reserva. In: TEIXEIRA, F. (Org.). *Neoliberalismo e reestruturação produtiva*. As novas determinações do mundo do trabalho. São Paulo: Cortez/UECE, 1996.

MOTA, Ana Elizabete. *Cultura da crise e seguridade social*. São Paulo: Cortez, 1995.

_____. As transformações no mundo do trabalho e seus desafios para o Serviço Social. *O Social em Questão*, 1. Rio de Janeiro: PUC-Rio, 1997.

NETTO, José Paulo. *Crise do socialismo e ofensiva neoliberal*. São Paulo: Cortez, 1993. (Coleção Questões da Nossa Época, n. 20)

_____. Transformações societárias e Serviço Social — notas para uma análise prospectiva da profissão no Brasil. *Serviço Social & Sociedade*, 50. São Paulo: Cortez, 1996.

_____. Cinco notas a propósito da "questão social". *Revista da Associação Brasileira de Ensino e Pesquisa em Serviço Social — ABEPSS*, 3. Rio de Janeiro: Ed. Grafline, jan.-jun. de 2001.

OLIVEIRA, C. A. et al. *Crise e trabalho no Brasil*. Modernidade ou volta ao passado? São Paulo: Scritta, 1997.

OLIVEIRA, L. Os excluídos "existem"? Notas sobre a elaboração de um novo conceito. *Revista Brasileira de Ciências Sociais*, 33, 1997.

OLIVEIRA, Francisco de. *A economia brasileira*: crítica à razão dualista. Petrópolis: Cebrap/Vozes, 1981.

PASTORINI, Alejandra. Quem mexe os fios das políticas sociais? Avanços e limites da categoria "concessão — conquista". *Serviço Social & Sociedade*, 53. São Paulo: Cortez, 1997.

_____. *O círculo "maldito" da pobreza no Brasil*: a mistificação das "novas" políticas sociais. Rio de Janeiro: 2002 (Tese de Doutorado, UFRJ).

PAUGAM, S. *L'exclusion — l'État des Savoirs*. Paris: Ed. La Découverte, 1996.

PEREIRA, Luiz (coord.). *Populações "marginais"*. São Paulo: Livraria Duas Cidades, 1978.

PEREIRA, Potyara A. Questão Social, Serviço Social e Direitos da Cidadania. *Revista da Associação Brasileira de Ensino e Pesquisa em Serviço Social — ABEPSS*, 3. Rio de Janeiro: Ed. Grafline, jan.-jun. 2001.

POSSAS, Cristina. La protección social en América Latina. Algunas reflexiones. In: FLEURY TEIXEIRA (Org.). *Estado e políticas sociales en América Latina*. México, Ed. Casa Abierta al Tiempo, 1988.

RIFKIN, Jeremy. *El fin del trabajo*. Buenos Aires: Paidós, 1997.

_____. *Empleo, flexibilidad y protección social*. Montevidéu, 1997a.

_____. Identidade e natureza do terceiro setor. In: IOSCHPE, Berg (Org.). *Terceiro setor*. Desenvolvimento social sustentado. São Paulo: Paz e Terra, 1997b.

ROSANVALLON, Pierre. *La nueva cuestión social — Repensando el Estado providencia*. Buenos Aires: Manantial, 1995.

_____. La révolution do "droit à l'insertion". *Debats — Les Exclus*, 54. Paris, 1995a.

ROSANVALLON, Pierre. *A crise do Estado-providência*. Goiânia: UFG, 1997.

SEMERARO, Giovanni. *Gramsci e a sociedade civil*. Petrópolis: Vozes, 1999.

SILVA E SILVA, Maria Ozanira. *Renda mínima e reestruturação produtiva*. São Paulo: Cortez/EDUFMA, 1997.

SPOSATI, Aldaíza et al. *Assistência na trajetória das políticas sociais brasileiras. Uma questão em análise*. São Paulo: Cortez, 1998.

TAVARES, M. da Conceição; FIORI, José Luiz. *Desajuste global e modernização conservadora*. Rio de Janeiro: Paz e Terra, 1993.

TAVARES, M. da Conceição; MELIN, Luiz Eduardo. Mitos globais e fatores regionais: a nova desordem internacional. In: FIORI, José Luiz et al. (Orgs.). *Globalização — o fato e o mito*. Rio de Janeiro: UERJ, 1998.

TEIXEIRA, Aloísio. *El compromiso social de la universidad frente al nuevo milenio*. Texto apresentado ao Encuentro Universidad Latino Americana y la salud de la población. Retos y desafíos para el siglo XXI. La Habana, 2000 (Mimeo.).

V. V. A. A. *Centralidade do trabalho, modernização produtiva e políticas sociais empresariais*. Rio de Janeiro: UFRJ, 1998 (Mimeo.).

VEGA CANTOR, Renan. *El Caos Planetário*. Ensayos marxistas sobre la miseria de la mundialización capitalista. Buenos Aires: Ed. Antídoto, 1999.

WANDERLEY, Luiz Eduardo. A questão social no contexto da globalização: o caso latino-americano e o caribenho. In: Belfiore-Wanderley. *Desigualdade e a questão social*. São Paulo: Educ, 1997.

WANDERLEY, Mariangela Belfiore (Org.). *Desigualdade social e a questão social*. São Paulo: Educ, 1997.

YAZBEK, Maria Carmelita. *Assistência social brasileira*: limites e possibilidades na transição do milênio. São Paulo: julho de 2001 (Mimeo.).

_____. Pobreza e exclusão social: expressões da Questão Social no Brasil. *Revista da Associação Brasileira de Ensino e Pesquisa em Serviço Social* — ABEPSS, 3. Rio de Janeiro: Ed. Grafline, jan.-jun. 2001.

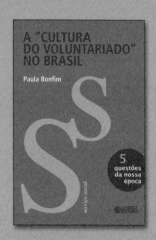

**questões
da nossa
época**

A nova **coleção questões da nossa época** integra os projetos comemorativos dos 30 anos da Cortez Editora. Neste recomeço, seleciona textos endossados pelo público, relacionados a temáticas permanentes das áreas de Educação, Cultura Brasileira, Serviço Social, Meio Ambiente, Filosofia, Linguagem, entre outras.
Em novo formato, a *Coleção* divulga autores prestigiados e novos autores, que discutem conceitos, instauram polêmicas, repropõem *questões* com novos olhares.